IMPLOSION

ett postmodernt perspektiv / a postmodern perspective

Inledning/Introduction	Lars Nittve
Essäer/Essays	Germano Celant
	Kate Linker
	Craig Owens

MODERNA MUSEET

Implosion

Ett postmodernt perspektiv/*A Postmodern Perspective*
Moderna Museet, Stockholm 24/10 1987 – 10/1 1988

Utställningskommissarie/*Curator*: Lars Nittve
Utställningsassistent/*Curatorial assistant*: Margareta Helleberg
Kommissarie för film och video/*Curator for film and video*: Monica Nieckels
Presskommissarie/*Press officer*: Anna Rappe

Katalogredaktörer/*Catalogue editors*: Lars Nittve, Margareta Helleberg
Grafisk form/*Design*: Marja Pennanen, Mako Fukuda
Produktion och tryck/*Production*: Bohusläningens Boktryckeri AB, Uddevalla 1987
Moderna Museets utställningskatalog nr./*Exhibition catalogue* no. 217
ISBN 91-7100-332-0

Utställningen har tillkommit genom generöst ekonomiskt stöd från
The exhibition has been made possible through the generous support of    FinansSkandic
Finansbolaget.

Långivare/Lenders to the exhibition

Thomas Ammann, *Zürich*
Gretchen Bender, *New York*
Dara Birnbaum, *New York*
Mr. and Mrs. Melvyn J. Estrin, *Washington D.C.*
Collection Froehlich, *Stuttgart*
Mr. and Mrs. Arthur Goldberg, *New York*
Mr. and Mrs. Samuel Heyman, *New York*
Jasper Johns, *New York*
Uli Knecht, *Stuttgart*
Joseph Kosuth, *New York*
Achim Kubinski, *Stuttgart*
Louise Lawler, *New York*
Raymond Learsy, *New York*
Robert Longo, *New York*
Carol Meringoff, *New York*
Gerhard Merz, *München*
Reinhard Mucha, *Düsseldorf*
Lois Plehn, *New York*
Fredrik Roos, *Zug*
Saatchi Collection, *London*
Cindy Sherman, *New York*
Emily and Jerry Spiegel, *New York*
Christian Stein, *Turin*
James Welling, *New York*
Martin E. Zimmerman, *Chicago*

Louisiana Museum of Modern Art, *Humlebaek*
Museum Ludwig, *Köln*
Solomon R. Guggenheim Museum, *New York*

Galerie Szwajcer, *Antwerpen*
Donald Young Gallery, *Chicago*
Galerie Schmela, *Düsseldorf*
Johnen & Schöttle, *Köln*
Lisson Gallery, *London*
Margo Leavin Gallery, *Los Angeles*
Mary Boone/Michael Werner Gallery, *New York*
Metro Pictures, *New York*
Galerie Nordenhake, *Stockholm*

samt privata ägare som velat vara anonyma.
and private collectors who prefer to remain anonymous.

INNEHÅLLSFÖRTECKNING/TABLE OF CONTENTS

Preface

Be our guests! IMPLOSION—*a Postmodern Perspective!* The first—and therefore the largest —attempt to bring together for a moment the threads in the network that is called Postmodernism, and obtain from our temporary look-out point a picture of its history.

Sweden is probably the world's most highly developed postindustrial Information Society. We top all the scales that measure such things: we have a gigantic service sector; we are "most computerized nation"; and we have, for example, the most industrial robots, car telephones, and video recorders per capita in the world...

However peripheral we may be geographically, we find ourselves bang in the middle of the multinational news flow. (To be well informed is something of a national virtue.) Which is why it is so puzzling that practically none of the younger artists in this exhibition have been visible here before, either in the world of exhibitions, or in the papers and periodicals—at the same time as, abroad, they are among those attracting the widest attention. I wonder if we have not been afraid of looking the truth in the eye, of meeting the art that investigates and articulates the new hyperelastic view of the world that the Information Society, whether we like it or not, generates? If we are dealing with Freudian suppression of this kind, why not look on this exhibition as an "analysis" also in that sense? I can promise that the path to clarity that it offers is unusually pleasurable.

Even if discussions of Postmodernism in art have been fairly sporadic, and indeed markedly confused, here in Sweden, it should not come as any surprise that this major Postmodern exhibition has been created by the Moderna Museet, in Stockholm. It can be seen as a natural continuation to the succession of radical exhibitions that was started as early as in the 1960s, with, for example, *4 Americans* (1962), *American Pop art* (1964), and *Andy Warhol* (1968) and is continuing in the 1980s with *Marcel Broodthaers* (1982), *Daniel Buren* (1984) and *Vanishing Points* (1984). At the same time, the exhibition interacts in a self-evident manner with the Museum's own collections, in which the works of Marcel Duchamp and Francis Picabia, and of the American Pop artists and Minimalists, occupy a central place.

Förord

Varsågoda: IMPLOSION – *ett postmodernt perspektiv!* – Det första – och därmed det största – försöket att för ett ögonblick samla trådarna i det nätverk, som kallas postmodernismen och att från denna tillfälliga utkikspunkt få en bild av dess historia.

Sverige är förmodligen världens mest högutvecklade postindustriella informationssamhälle. Vi ligger i toppen på alla skalor som mäter sådana saker: vi har en gigantisk tjänstesektor; vi är mest datoriserade och har t.ex. flest industrirobotar, biltelefoner och videobandspelare per capita i världen...

Om än geografiskt i periferin, befinner vi oss mitt i det multinationella nyhetsflödet: att vara välinformerad är något av en nationell dygd. Därför är det så förbryllande att nästan inga av de yngre konstnärerna i utställningen har varit synliga här tidigare, vare sig i utställningslivet eller i tidningar och tidskrifter – detta samtidigt som de utomlands har hört till de mest uppmärksammade. Jag undrar om vi har varit rädda för att se sanningen i vitögat, för att möta den konst, som undersöker och artikulerar den nya hyperelastiska världsbild som informationssamhället, vare sig vi vill det eller inte, alstrar? Om det är en sådan freudiansk bortträngning det handlar om, varför inte betrakta utställningen som en analys även i den meningen. Det är en ovanligt lustfylld väg till klarsyn som erbjuds, det kan jag försäkra.

Även om diskussionerna kring postmodernismen i konsten har varit ganska sporadiska och dessutom tämligen förvirrade här i landet, bör det inte förvåna att det är Moderna Museet som gör denna stora postmoderna utställning. Den kan ses som en naturlig fortsättning på den rad radikala utställningar som inleds redan på 60-talet med t.ex. *4 Amerikanare* (1962), *Amerikansk Pop-konst* (1964), och *Andy Warhol* (1968) och som fortsätter på 80-talet med *Marcel Broodthaers* (1982), *Daniel Buren* (1984) och *Flyktpunkter* (1984). Utställningen samverkar också på ett självklart sätt med museets samlingar, där ju Marcel Duchamps och Francis Picabias, liksom de amerikanska Pop-konstnärernas och minimalisternas verk intar en central plats.

THE EXHIBITION

It is obvious that an exhibition like this one cannot cover the whole field. A whole succession of other artists would naturally fit excellently into its theme, from a theoretical and historical perspective. Ultimately my own personal preferences and passions have had to decide the choice.

The exhibition as installed hints at a linear, historical and narrative structure. A structure whose provisory character I have at the same time been concerned to emphasise, by seizing, in the installation, on the *differences* between the various works and oeuvres: my ideal has been a *tension* between wholeness and fragmentation.

THE CATALOGUE

That an exhibition like this one has to be accompanied by a highly informative catalogue is clear enough. But it is by no means given that all those visiting it will be inclined to any very deep dives into the formation of Postmodern theory. This catalogue has therefore been constructed as a three-stage rocket. The first part of my article IMPLOSION—*a Postmodern Perspective* can be read independently, and provides a general background to the exhibition. The second part of this article constitutes a more thorough introduction to Postmodernism and the oeuvres of the various artists concerned. And for those who may subsequently be yearning for intellectual adventure, I recommend the three essays specially written for the catalogue by Germano Celant, Kate Linker and Craig Owens, one Italian and two American critics and theoreticians who have played a decisive role in the past ten years in the formulation of a Postmodern perspective.

DEBTS OF GRATITUDE

During the brief but intensive period in which IMPLOSION—*a Postmodern Perspective* has emerged, we who have worked on the exhibition have felt the most fantastic wind in our sails. We therefore have every reason to thank a long succession of people outside the Museum for their enthusiastic support, wise advice, and practical assistance . . .

The list is headed, of course, by the artists taking part. But without the numerous private collectors, museums and galleries who have so generously made works available, the exhibition could never have taken place: our warmest gratitude is extended also to them!

Our thanks are due also to Fareed Armaly, New York, Bernhard Bürgi, Lausanne, Eva Cederbalk, Stockholm, Peter Edström, Stockholm, David Frankel, New York, Maria Gilissen, Brussels, Marian Goodman, New York, Max Hetzler, Cologne, Fred Jahn, Munich, Erhard Klein, Bonn, Nicholas Logsdail, London, Elisabeth McCrae, London, Walther Mollier, Munich, Bo Nilsson, Lund, Lars Nilsson, Stockholm, Claudine Papillon, Paris, Janelle Reiring, New York, Anke Rohrer, Stockholm, Thaddaeus Ropac, Salzburg, Shellee Rudner, New York,

UTSTÄLLNINGEN

Det säger sig självt att en utställning som denna inte kan vara heltäckande. Det finns självfallet ytterligare en lång rad konstnärer, som ur ett teoretiskt och historiskt perspektiv skulle passa dess tema utmärkt. Till sist har undertecknads egna personliga preferenser och passioner fått fälla avgörandet vid urvalet.

I installationen finns en antydan till en linjär historisk berättarstruktur. En struktur vars provisoriska karaktär jag samtidigt har velat betona, genom att i hängningen ta fasta på *skillnaderna* mellan de olika verken och konstnärskapen: Ett *spänningsläge* mellan helhet och splittring har varit idealet.

KATALOGEN

Att en utställning som denna skall ackompanjeras av en informationstät katalog är en självklarhet. Men det är inte givet att alla besökare är benägna till djupdykningar i den postmoderna teoribildningen. Därför har katalogen strukturerats likt en trestegsraket: Den första delen av min artikel IMPLOSION – *ett postmodernt perspektiv* kan läsas fristående och ger en allmän bakgrund till utställningen. Artikelns andra del är en mer grundlig introduktion till postmodernismen och de olika konstnärskapen. För den som sedan längtar efter det intellektuella äventyret rekommenderas de tre för katalogen specialskrivna essäerna av Germano Celant, Kate Linker och Craig Owens; en italiensk och två amerikanska kritiker och teoretiker vilka spelat en avgörande roll under det senaste decenniet för formuleringen av ett postmodernt perspektiv.

TACK

Under den korta men intensiva period som IMPLOSION – *ett postmodernt perspektiv* vuxit fram har vi som arbetat med utställningen känt en fantastisk medvind. Det finns anledning att tacka en lång rad personer utanför museet för deras entusiastiska stöd, kloka råd, praktiska hjälp . . .

Överst på listan står självfallet de deltagande konstnärerna. Men utan de många privatpersoner, museer och gallerier som generöst ställt verk ur sina samlingar till vårt förfogande hade det heller inte blivit någon utställning: ett varmt tack även till dem!

Tack också till Fareed Armaly, New York, Bernhard Bürgi, Lausanne, Eva Cederbalk, Stockholm, Peter Edström, Stockholm, David Frankel, New York, Maria Gilissen, Bryssel, Marian Goodman, New York, Max Hetzler, Köln, Fred Jahn, München, Erhard Klein,

Brigitte Rütz, Cologne, Roger Selin, Stockholm, Christian Stein, Turin, Dierk Stemmler, Mönchengladbach, Anders Stephanson, New York, Sophia Ungers, Cologne, Michael Werner, Cologne, Angela Westwater, New York, and Helene Winer, New York.

The exhibition as such has been set up during a fairly brief period of time, but work on the idea has a considerably longer history. I should like, in this context, to express my personal thanks to Professor Gunnar Berefelt for his encouragement and support over the years, to the Sweden-America Foundation for its generous contribution to my stay for the purposes of research in New York 1982–83, and last but not least to Anna Olsson for all her wise counsel, patience, and support.

An international exhibition of this scale and complexity is difficult to achieve without and extra increment to the budget: Finans Skandic AB's generous sponsorship has been of decisive importance for its realisation, and we wish to express our most heartfelt thanks. The Moderna Museet would also like to thank Luxor Konsumentelektronik, without whom the video installations would not have been possible, and the Goethe Institut and the Institut Français for their contributions to the travel expenses of the German and French artists respectively.

LARS NITTVE
September 1987

Translation: Keith Bradfield

Bonn, Nicholas Logsdail, London, Elisabeth McCrae, London, Walther Mollier, München, Bo Nilsson, Lund, Lars Nilsson, Stockholm, Claudine Papillon, Paris, Janelle Reiring, New York, Anke Rohrer, Stockholm, Thaddaeus Ropac, Salzburg, Shellee Rudner, New York, Brigitte Rütz, Köln, Roger Selin, Stockholm, Christian Stein, Turin, Dierk Stemmler, Mönchengladbach, Anders Stephanson, New York, Sophia Ungers, Köln, Michael Werner, Köln, Angela Westwater, New York, Helene Winer, New York

Utställningen har kommit till under en kort tidsperiod, men idéarbetet har en betydligt längre historia. Personligen vill jag i det sammanhanget tacka professor Gunnar Berefelt för hans uppmuntran och stöd genom åren; Sverige-Amerika stiftelsen för ett generöst bidrag till min forskningsvistelse i New York 1982–83 och sist men inte minst; Anna Olsson för alla kloka råd, allt tålamod, allt stöd.

En internationell utställning av den här storleken och komplexiteten är svår att genomföra utan extra tillskott till budgeten: Finans Skandic ABs generösa sponsring av projektet har varit av avgörande betydelse för dess genomförande: ett varmt tack! Moderna Museet vill även tacka Luxor Konsumentelektronik utan vilka videoinstallationerna inte kunnat genomföras, samt Goethe Institut och Institut Français för deras bidrag till de tyska respektive franska konstnärernas resor.

LARS NITTVE
September 1987

11

Implosion, sv. 1960, eng. 1877 (*Im-* = lat. mot, till, in (i) + *plaudere* lat. slå, klappa) motsats till explosion. **1** kollaps genom inre undertryck t.ex. TV-bildrör, termosglas **2** våldsam förtätning, t.ex. vid uppkomst av s.k. svarta hål **3** motsatsernas neutralisering, betydelsernas sammanbrott, "panik i slow motion" (Baudrillard) till följd av övermättnad på information och omåttlig förtätning av städer, marknader, budskap och kretslopp. Analogt med **2**.

Implosion, Sw. 1960, Eng. 1877. (*Im-* = Lat. towards, to, into + *plaudere* Lat. clap, strike): the opposite of explosion. **1** collapse due to low pressure on the inside of for example TV tube, thermos glass **2** violent condensation, for example when so-called black holes are formed **3** the neutralization of opposites, the collapse of meanings, "panic in slow motion" (Baudrillard) as a result of overfeed of information and excessive concentration of cities, markets, messages and circuits. Analogous to **2**.

...was just go ... **ing to make some** ... enter when ... **in different ways** ... what? ... **hello?** ... **yes** ... **well, I**

Somewhere in a telecommunications satellite over the Atlantic our words, transformed into ones and zeros, came across one another and blocked each other like weightless wrestlers. You shouldn't interrupt people when they're talking. Least of all via a satellite.

"This abstract feeling you get sometimes when you're calling someone in Europe reminds me of something", said my friend on the other side of the Atlantic. Do you remember Live Aid"?

"Of course I do ... Happened a couple of years ago, Bob Geldof, Lady Di, lots of rock music, lots of money in aid of ..."

"Exactly, rock and money. The funny thing is, though, that when I think of Live Aid at this distance all those things fade away. I remember it, instead, as a kind of black hole, a collapsed star, which, slowly dying, eats all time, all matter, and all light in its way. Absolutely amazing and really impossible to grasp. Everything that was lured into Live Aid's electronic, gravitational field of signs and digital codes was quite simply absorbed by it—devoured, neutralized and made to disappear as in some kind of centrifuge in reverse: time and space, true and false, good and evil, everything! The differences that create meaning seemed to be effaced—the only thing left was somehow my fascination with the TV screen's flow of sounds and images ..."

At long last, then, Marshall McLuhan's dream of the "Global Village" has come true. In the bluish light of their TV screens, 2 billion people from 160 countries gathered to take part in a shimmering electronic charity orgy. In London's Wembley and Philadelphia's JFK stadium 160,000 rock fans, possessed of superhuman enthusiasm, served a vicarious audience for the sixteen hours during which the fixed stars of rock music succeeded in this marathon concert for the benefit of the

...skulle jus...**ste göra någ**...gå in när...å olika **sätt**...va?...**hallå?**...ja?...jo, jag...

Någonstans, i en telesatellit över Atlanten möttes våra till ettor och nollor förvandlade ord och blockerade varandra som iskalla, viktlösa brottare. Man skall inte prata i munnen på folk. Allra minst via satellit.

— Den här abstrakta känslan man får ibland när man ringer till någon i Europa påminner mig om en annan sak, sa min vän på andra sidan Atlanten. Kommer du ihåg "Live Aid"?

Visst, det gjorde jag väl... Det var för ett par år sedan, Bob Geldof, Lady Di, massor av rockmusik, massor av pengar till katastrofhjälp...

— Jovisst, rock och pengar. Men det konstiga är att när jag tänker på "Live Aid" så här efteråt bleknar allt det där. I stället minns jag det som ett slags Svart Hål, en kollapsad stjärna, som långsamt döende äter all tid, all materia och allt ljus som kommer i dess väg. Lika svindlande och egentligen ofattbart. Det som lockades in i dess elektroniska gravitationsfält av tecken och digitala koder sögs helt enkelt upp, slukades, neutraliserades och försvann — som i en bakvänd centrifug: tid, rum, sant, falskt, gott, ont. Allt! De skillnader som skapar mening verkade suddas ut — kvar fanns på något sätt bara min fascination inför TV-skärmens ljud- och bildflöde...

><

Till sist hade så Marshall McLuhans dröm om "The Global Village" blivit verklighet. I TV-skärmarnas blåflimrande sken samlades 2 miljarder människor från 160 länder för att bli delaktiga i en skimrande elektronisk välgörenhetsorgie. På Wembley i London och JFK-stadion i Philadelphia agerade 160 000 rock-älskare, med övermänsklig entusiasm, ställföreträdande publik i de sexton timmar, som rockmusikens fixstjärnor avlöste varandra i denna maratonkonsert till förmån för svältkatastrofens offer i Afrika.

Klockan slog 22 på ett folktomt Norrmalmstorg. I Tokyo och Sydney var det redan nästa dags morgon. I London sänkte sig mörkret över de 72 000 trogna på Wembley, medan de på gigantiska TV-monitorer kunde njuta av Carlos Santanas gitarr när den tjöt i den stekheta eftermiddagssolen i Philadelphia.

Strax därpå skulle Elton John, för kvällen klädd i turban och brokadkappa, komma loss på sin flygel i den engelska natten... Då plötsligt! Vi såg det alla i Wien, Los Angeles, Belgrad och Lund: som genom ett trollslag var det åter strålande dagsljus i London! Samtidigt fortsatte rocken att pulsera och publiken att jubla, som om ingenting hänt!

Vad var nu? **Var** var nu? Kom den plötsliga solen

victims of the famine in Africa.

It was 10 P.M. in an almost empty Norrmalmstorg in Stockholm. In Tokyo and Sydney it was already the morning of the next day. In London, darkness fell over the 72,000 fans in Wembley, who were watching gigantic

and time and the difference between the present and the past, between here and there, almost imperceptibly dissolved. What was time when "then" could at any moment become "now" and the present might just as well have taken place an hour ago?

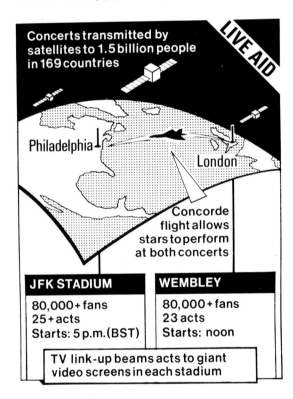

Concerts transmitted by satellites to 1.5 billion people in 169 countries

LIVE AID

Philadelphia

London

Concorde flight allows stars to perform at both concerts

JFK STADIUM	WEMBLEY
80,000+ fans 25+ acts Starts: 5 p.m.(BST)	80,000+ fans 23 acts Starts: noon

TV link-up beams acts to giant video screens in each stadium

TV monitors showing Carlos Santana's guitar howling in the boiling afternoon heat of Philadelphia.

Soon afterward, Elton John wearing a turban and a brocade coat, was to attack his grand piano in the English night. Then all of a sudden we saw it in Vienna, Los Angeles, Belgrade and Lund: as if by a stroke of magic it was once more broad daylight in London. Yet the music continued to pulsate and the audience to roar as if nothing had happened.

What was now? **Where** was now? Did the sudden sunshine over Wembley come from a videotape? Or was it transmitted "live"—and, if so, were all the other sets prerecorded?—yesterday, or a month ago? It was as though space

When night could in a moment be made into day, were we witnessing the end of time?

IMPLOSION?

Perhaps someone, Mr. Svensson just home from the early show at the cinema or young Mr. Fuji just waking up after a good night's Japanese sleep, turned on his timer-equipped videorecorder to listen to the rock star Madonna, who had appeared in Philadelphia an hour or so earlier. Presumably he was surprised as we had all been before him, by what he saw: on the field below the stage hundreds of prefect imposters, cloned Madonnas, were performing a speechless dance of seduction with incredible precision. Heavy eyelids and moist rosy lips,

över Wembley från en videotape? Eller kom den "live" – och var i så fall de andra partierna förinspelade? I går, eller för en månad sedan? Det var som om tiden och rummet, skillnaden mellan närvarande och förflutet, mellan här och där, nästan omärkligt upplöstes. Vad var tid, när **då** när som helst kunde bli **nu**, och det närvarande lika gärna kunde ha varit för en timme sedan?

Bevittnade vi, när natt på ett ögonblick kunde göras till dag, **tidens slut**?

Implosion?

Kanske var det någon, Herr Svensson just hemkommen från niobion – eller unge Herr Fuji efter en god japansk natts sömn – som slog på sin timerförsedda video för att i efterhand avnjuta rockstjärnan Madonna, som någon timme tidigare framträtt i Philadelphia. Antagligen häpnade han, precis som alla vi andra före honom, över vad han såg: På fotbollsplanen nedanför scenen dansade med spöklik perfektion hundratals exakt lika, som klonade "Madonnor" i en mållös förförelsedans. Tunga ögonlock och fuktigt rosa läppar, svarta spetstoppar och nakna, mjukt vita magar. De stora rosetterna guppade i de blonderade hårsvallen... "Like a Virgin, oh". Han häpnade, för dessa look-alikes var mer lika "Madonna" än Madonna själv, som samtidigt skuttade runt däruppe på scenen. Det var egentligen först när han såg henne s a s i tredje hand på JFK-stadions gigantiska TV-skärm, som han tyckte att hon började påminna om sig själv...

"Madonna" – förebilden – var förstås den utmanande blandning av skolflicka och porrstjärna vi mött i rockvideos som "Like a Virgin" och "Material Girl"; en förförisk produkt av synthesizers och sofistikerad digital bildbehandling. Det var denna sjungande och dansande "specialeffekt", som stått modell för alla de perfekta "Madonnorna" på JFK-stadions innerplan. Sökandet efter originalitet och personlig stil – det Moderna Jagets strävan efter att om och om igen bli bekräftat som unikt – tycktes inte längre vara något självklart ideal. I stället löstes det "äkta" och "originella" upp i en kopieringens extas; i en själlös glädje över att vara en läcker faksimil av en syntetisk fantom!

Implosion?

Men, kan någon minnesgod påpeka, "Live Aid" gällde ju inte bara rock och media. Först och främst gällde det att samla pengar till de svältande i Afrika.

black lace tops and naked stomachs, softly white. The big bows were bobbing up and down in the bleached wavy hair. "Like a virgin, oh". He was amazed, for these look-alikes were more like Madonna than Madonna herself who was jumping around onstage. It was really only when he saw her as it were thirdhand on the gigantic TV screen of JFK stadium that he thought she was beginning to look like herself.

Madonna is of course the provocative mixture of schoolgirl and porn star whom we've met in rock videos such as "Like a virgin" and "Material Girl": a seductive product of synthesizers and sophisticated digital recording equipments. It was this singing and dancing special effect that had served as the model of those perfect Madonnas on the field of JFK stadium. The search for originality, for a personal touch—the modern ego's incessant attempt to be recognized as unique—no longer seemed the obvious ideal. Instead, the "genuine" and the "original" were dissolved into an ecstasy of copyying, a soulless joy at being an enticing facsimile of a synthetic phantom.

IMPLOSION?

But, I can hear someone point out, Live Aid was not primarily about rock and media. First and foremost, its aim was to collect money for those suffering in the famine in Africa. A direct report from Ethiopia in fact immediately followed the magnificent stage show of that elegant dandy David Bowie—pictures of airplanes dropping sacks of food into the desert-like landscape; of the first tender crops from the new plantings; of happy children at their desks; and of course of those still starving, those who had not yet been reached by the efforts of aid. The camera showed close-ups of the bodies of apathetic, here lean, there swollen children, all lacking the strength to move. A network of satellites transmitted these pictures from continent to continent. A young woman's grief for her just deceased child was cast out into the

Omedelbart efter den elegante dandyn David Bowies suveräna scenshow, följde en direktrapport från Etiopien. Bilder av flygplan som släppte ned säckar med mat i det ökenlika landskapet; den första späda grödan i de nyanlagda odlingarna; glada barn i skolbänkarna. Och så de som svalt, de som inte nåtts av hjälpen. Apatiska, magra och uppsvullna barn som inte längre orkade röra sig. Kameran svepte närgånget över deras kroppar och bilderna sändes från kontinent till kontinent via ett nätverk av satelliter. En ung kvinnas sorg över sitt just avlidna barn slungades ut i offentlighetens universum — medan offentlighetens spektakel — rockkonserten — minuterna innan hade utspelat sig i våra privata rum; på TVn där den stod i vardagsrummet eller kanske i sängkammaren.

Det privata rummet, det offentliga rummet; var är den skiljemur vi så nogsamt byggt, nu när det dagliga livets mest intima detaljer alltmer tycks bli allmän egendom och det offentliga, via samma elektroniska nätverk, väller in i sovrummet?

Implosion?

"Tillfälligt sändningsavbrott" stod det plötsligt i rutan, just när vi väntade på, var det Österrikes eller Jugoslaviens?, nationella "Band Aid"-bidrag. Vad skulle passat bäst i pausen, om inte Malcolm McLarens gränslösa rapping-mix "Buffalo Gals"? För, som en kritiker skrev när skivan kom ut: "McLuhan beskrev the Global Village; McLaren gjorde dess partyplatta". När McLaren, en kontroversiell engelsk "konceptdesigner" med såväl rockgrupper som Sex Pistols, Adam and the Ants och Bow Wow Wow som en rad hypereklektiska modevågor på sitt samvete, själv skulle göra en skiva, förvandlade han studion till en global kulturell sallad. Dess huvudingredienser var inspelningar dels med sångare från Zulu-stammen i Sydafrika, dels med traditionell square-dance framförd av The Hilltop Boys från East Tennessee. Kryddorna var en elektronisk trummaskin — och massor med skivor av alla upptänkliga slag; jazz, jymping, hårdrock och indisk poesi. För mixen lejde McLaren The World Famous Supreme Team, två unga, fullkomligt skrupelfria, diskjockeyer från South Bronx, som "rappade" och "scratchade" — spelade med picupen på skivorna, fram och tillbaka i spåret — och mixade ihop alltsammans till en läcker helhet.

Ur skivstudion kom en hallucinatoriskt pulserande danshit, som borde fått världens alla Stim-byråer och copyrightjurister att bryta samman. För vem hade gjort skivan? Malcolm McLaren? Eller The World Famous Supreme Team? Eller båda — och kanske ändå ingen-

universe of public attention replacing the spectacle of the crowds at the two rock concerts that had been shown on the screens in our rooms just a few minuters earlier—our livingrooms maybe or perhaps our bedrooms.

Private space, public space: where is the barrier between them (which we have taken such care to erect) now that the most intimate details of daily life increaslingly seem to be public property while public life, through the same electronic network, enters our bedrooms?

IMPLOSION?

"Temporary technical hitch", it said on the screen, just as we were waiting for the national Band Aid contribution of Austria or Yugoslavia. What could have been more appropriate during this interval than Malcolm McLaren's bordercrossing rap mix "Buffalo Gals"? As one critic wrote when the record was released, "McLuhan described the Global Village; McLaren made its party record."

McLaren is a controverial British "concept designer" responsible for rock groups such as the Sex Pistols, Adam and the Ants, and Bow Wow Wow as well as for a number of hypereclectic fashion vogues. When he decided to make a record of his own, he transformed the studio into a global cultural salad. Its main ingredients were recordings of Zulu singers from South Africa and of traditional square dance music played by the Hilltoppers of Eastern Tennessee. The spices were an electronic drum machine and lots of records of every conceivable kind: jazz, workout, hard rock, Indian poetry. Two young, entirely unscrupled discjockeys from the South Bronx, the World's Famous Supreme Team, were hired to do the mix; they rapped and scratched—played with the stylus of each record, moving it forward and backward on the track —and mixed everything into a luscious whole.

Out of the studio came a pulsating, hallucinatory dance hit that should have made all the copyright lawyers in the world have a breakdown. Who had made the record? McLaren? The World's Famous Supreme Team? Both of them—or perhaps neither? The music was almost entirely recycled from that of others. Well, then, what about the Zulu choir, or the seventy-five-year-old leader of the Hilltoppers; perhaps they were the true, authenic creators guaranteeing the authenticity and originality of "Buffalo Gals"? Not really. For their music, with a great number of other records from all over the world, were only the components of a new alloy, with quite new qualities. And, besides, folk music knows neither originals nor authors.

By this time, it was obvious that this was real Live Aid music: an original, multiethnic synthesis without any "originals", a product that transformed the event's explosion across borders into an all-consuming implosion. The earth seemed compressed for a moment into a little record revolving around its own axis at 45 r.p.m...

IMPLOSION?

Night fell in Philadelphia and the sun rose in Stockholm and Södertälje. A billion faithful were waiting for *la grande finale*, when all the American stars would sing "We are the World". Meanwhile, American watchers could see PepsiCola's new TV ad, the longest in the history of the medium: "You know, we're a new generation," singer and composer Lionel Ritchie hummed, "and we've made our choice." After the final ad the artists swarmed onto the stage, singing "There's a choice we're making/We're saving our own lives." Mick Jagger sang, Harry Belafonte sang; "There's a choice we're making"... And the song's co-composer, Lionel Richie sang too, over and over again.

Imperceptibly, this multinational fundraiser on behalf of the starving in Africa merged with the equally multinational Pepsi slogan, "The choice of a new generation."

dera: den byggde ju så gott som helt på återbruk av annan musik. Nå, Zulu-kören då, eller den 80-årige ledaren för The Hilltop Boys, de kanske var de egentliga, sanna upphovsmännen, som garanterade "Buffalo Gals" autenticitet och verklig originalitet? Knappast. För de var ju bara, tillsammans med mängden av inspelningar från världens alla hörn, ämnen i en ny legering med helt nya egenskaper. Och dessutom, i folkmusiken finns ju inte några original eller upphovsmän.

Att detta var den kongeniala "Live Aid"-musiken stod vid det här laget klart. En originell, tvär-etnisk syntes utan original; en produkt där gränslöshetens explosion förvänts i en allt konsumerande implosion, när jorden för ett ögonblick tycktes komprimerad till en liten skiva, som snurrade runt sin egen axel med 45 varv per minut...

Implosion?

Det blev natt i Philadelphia och solen gick upp över Stockholm och Södertälje. Någon miljard tappra väntade på Le Grand Final, där alla de amerikanska stjärnorna skulle sjunga "We Are the World". I USA kunde man under tiden se Pepsi Colas nya TV-reklam – den längsta i mediets historia: "You know, we're a new generation" nynnade sångaren och låtskrivaren Lionel Ritchie, "and we've made our choice". Efter det sista reklamavbrottet strömmade så artisterna in på "Live Aid"-scenen och började sjunga: "There's a choice we're making/We're saving our own lives". Mick Jagger sjöng det, Harry Belafonte sjöng det... "There's a choice we're making"... sångens kompositör Lionel Ritchie sjöng det, om och om igen.

Omärkligt gled den multinationella insamlingen till Afrikas svältande samman med Pepsis lika multinationella varumärke "The choice of a new generation"...

Implosion?

Det var som om vi hade förlorat kontakten med verkligheten, som om hela "Live Aid" var en förförisk skimrande mask eller skärm av tecken framför ett ekande tomrum!

I allt snabbare virvlar susar ettorna och nollorna i ett kretslopp som tycks styras av mediernas egna koder. Utan "verklighetens" facit – och allt tätare packade in mot malströmmens mitt, det kollapsade svarta hålets allt tätare vacuum – tycks upplysningens och humanismens motsatspar neutraliseras och bli utbytbara. Betydelserna eroderar, och vi fascineras. För vad är

IMPLOSION?

It was as though we'd lost touch with reality, as though the entire Live Aid show was a seductively shimmering mask, a swarm of signs, over an echoing void.

At everincreasing speed, the ones and the zeros revolve in a circuit seemingly governed by the codes of the media. Without the corrective of "reality", and growing more and more tightly packed as they move toward the center of the maelstrom, the denser and denser vacuum of the black hole, the polar opposites within enlightenment and humanism seem to be neutralized, and to become exchangeable. Meanings are eroded and we are fascinated.—For what is fascination if not neutrality in its most intense form?

Has time come to an end, and has the self been fragmented? Are concepts such as "the genuine," "the true" and "the good" inseparable from their opposites? Should we mourn the fact that the information explosion of postindustrial society is making the sign web of culture implode into a density through which no ideas, meanings or traditional values can pass? Or should we shake ourselves up, bruch off our nostalgia for the past, make a few elegantly syncopated dance steps, look out into the universe of digital codes, and sing along with David Bowie; "The vacuum created the arrival of freedom"?

A quagmire of electronic plasma in which the pillars of our modern view of the world —linear time, logical space, the cohesive subject— collapse; a hyper-space in which the difference between true and false, genuine and fake, original and copy, is devoured by an ever denser flow of transmitted and simulated "reality"—this is more or less the way our immaterial world is described in the torrent of essays, articles, research reports, and conference abstracts on the postmodern information society with which we are flooded from every corner of the developed

world. It is obvious that we live in a period of transition, and that its seductively dizzying revolutions affect our lives down to the smallest detail. The world seems to be growing more chaotic, more contradictory —and, at the same time, flickeringly unreal. And this perception doesn't strike us only when we are watching Live Aid on TV, or the simulated "history" of the docudrama or the "nature" of the animal films. Today the concepts of history and of nature are being radically questioned.

The gap between the social vision engendered by the Enlightenment's optimistic faith in progress and the society in which we are actually living is amazingly obvious. It is possible to lie on a beach and link oneself up to a computer data bank on another continent; meanwhile, child soldiers are being massacred outside Basra. It is possible to book a seat on a scheduled flight into space, yet famine and the destruction of the world environment are on the increase... At the same time, the revolutionary alternatives to which some have traditionally resorted have been annihilated in the gulags and in the mass graves of Kampuchea.

The main criterion of the "Postmodern condition", the French philosopher Jean-François Lyotard asserted as long as ten years ago,[1] is the ① fact that the modern era's vision, which he refers to as **les grands récits**, are no longer credible, whether we call them the liberation of the worker, the dialectic of the spirit, the liberation of the rational object, or, for that matter the classless society. This is a result of the same development that, according to the French sociologist Jean Baudrillard,[2] has caused a ② submergence of our traditional way of apprehending value, that pillar of capitalist society in terms of utility. Marketing, advertising, fashion—the media—have brought us to the point that it is no longer utility that we buy and consume, but the object as a sign.

Like the traces of another phenomenon familiar to Swedes, the so-called

fascinationen, om inte neutraliteten i sin mest intensiva form?

Är Tiden slut och Jaget i spillror? Är begrepp som "det Äkta", "det Sanna" och "det Goda" oskiljbara från sina motsatser? Skall vi sörja när det postindustriella samhällets informationsexplosion får kulturens väv av tecken att implodera till en täthet som inte släpper igenom några idéer, betydelser eller traditionella värden? Eller skall vi ruska på oss, borsta av oss den arkaiska nostalgin, ta några elegant synkoperade danssteg, blicka ut i de digitala kodernas universum och med David Bowie sjunga: "The vacuum created the arrival of freedom"...?

Ett gungfly av elektronisk plasma, där vår moderna världsbilds stöttepelare, den linjära tiden, det logiska rummet, det sammanhållna subjektet kollapsar; ett hyperrum, där skillnaden mellan sant och falskt, äkta och oäkta, original och kopia slukas i ett allt tätare flöde av förmedlad och simulerad "verklighet"... Ungefär så framställs vår alltmer immateriella värld i den störtflod av essäer, artiklar, forskningsrapporter och konferensreferat om det postmoderna informationssamhället som väller mot oss från (i)-världens alla hörn. Det är uppenbart att vi befinner oss i ett brytningsskede, vars förföriskt svindlande omvälvningar påverkar minsta skrymsle av våra liv. Världen tycks alltmer kaotisk, motsägelsefull – och samtidigt flimrande overklig. Inte bara framför TVn, med Live Aid, och dramadokumentärernas och djurfilmernas simulerade "historia" respektive "natur" (två begrepp som nu definitivt är satta i gungning).

Glappet mellan den i upplysningstiden grundlagda utvecklingsoptimismens sociala visioner och det samhälle vi faktiskt fått är häpnadsväckande tydligt. Nu kan vi ligga på badstranden och koppla upp oss mot en databank i en annan världsdel – samtidigt som barnsoldater massakreras utanför Basra. Vi kan boka in oss på reguljära flygningar i rymden – medan världssvälten och miljöförstöringen tilltar... Och detta samtidigt som de traditionella upprorsalternativen förintats i Gulag och Kampucheas massgravar.

Det **postmoderna tillståndets** främsta kriterium, påstod den franske filosofen Jean-François Lyotard redan för tio år sedan[1], var att den moderna erans ① visioner, som han kallar de Stora Berättelserna, förlorat sin trovärdighet. Detta vare sig de hetat arbetarens frigörelse, Andens dialektik, frigörelsen av förnuftsobjektet – eller för den delen det klasslösa samhället. Detta som en följd av samma utveckling som enligt den franske sociologen Jean Baudrillard[2] gjort att vårt ② traditionella sätt att uppfatta det kapitalistiska samhällets stomme – Värdet – som bruksvärde, har förintats. Marknadsföringen, reklamen, modet – medierna – har

"foreign submarine activity" along our Swedish coasts, the indicators of the existence of a Postmodern "knowledge condition", a Postmodern "cultural dominant", are ethereal but manifold and diverse. This is also how they appear in the analyses of theorists such as Lyotard and Baudrillard or of Paul Virilio, Fredric Jameson, and Thomas Ziehe, to name but a few others. However, while we may at least theoretically hope to see the indicators of the presence of the submarine merge into a unity, materialising as a cold body of gray steel, it is impossible to nourish such a hope where Postmodernism is concerned, either in general or in this exhibition. Its characteristics are the fragmentary and the paradoxical; every system is open and temporary and the unities fall apart in the game of the sings. Something similar is true of the analyses of Postmodernism. We can hardly require a theory that regards truth as a metaphysical construction to offer us "the truth". "The secret of theory is that truth doesn't exist", Baudrillard writes. "Theory is simulation."³ ③

But even though the web of Postmodern indicators is woven tighter and tighter, our traditional notions about the world persist. It's hard to believe that the increasingly powerful waves of nostalgia, manifested in the various neo- and retrophenomena that are such a typical feature of our culture spring merely from a view of time and history as terms in decomposition and from a situation in which history is only a part of the contemporary repertory of items immediately available for consumption, compressed as in a gigantic telephoto lens. Mustn't they be explained as a series of spasmodic attempts to reassure ourselves that everything is still as it was, that the old values are still valid, that nothing has happened? Think of neo-Expressionism's images of myth and history, presence and passion through gestures of painterly violence. The noise made by the feignedly expressive surface is often an empty one.

Concurrently with the advent of these social processes which are in some sense "objective" (and of the theories and analyses more or less directly related to them), another breaking-down process is emanating from the other direction, so to speak. Within poststructuralist philosophy and areas close to it we are witnessing a dismantling or deconstruction of views about man, the world, and history that have predominated in the West for centuries. These views have been so widely accepted as to seem "natural", but in the cold light of deconstruction they are exposed as ideological constructs, supported by a more or less openly authoritarian body of thoughts: Western humanism. There is no reality beyond culture, beyond language, we are now told. And language cannot represent a world beyond itself. It works through negative relations, through a game among differences, referred to as **différance** by the father of deconstruction, Jacques Derrida. In theoretical jargon this has resulted in critics talking not only about the impossibility of meaning, ③ and of unmediated experience, but about the death of the creative subject and thus of the author.

When talking of the death of the author—or of the artist —we are obviously not concerned with a collective physical demise, or with the impossiblity of writing books or painting pictures. It would be more true to say that what is taking place is a displacement of the Romantic view of the artist as a sovereign creative genius, ultimately responsible for the meaning of the work. That view is being replaced by an emphasis on the role of the reader or viewer. Or, in the words of one of the artists represented in this show, Sherrie Levine, paraphrasing Roland Barthes' famous essay **The Death of the Author**:⁴ ④ "The viewer is the tablet on which all the quotations that make up a painting are inscribed without any of them being lost. A painting's meaning lies not in its origin, but in its destination. The birth of the viewer must be at ⑤ the cost of the painter".⁵

gjort att det inte längre är användbarheten vi köper och konsumerar, utan i stället tinget som **tecken**.

Precis som när det handlar om en annan omtalad företeelse, den s k "främmande undervattensverksamheten" kring Sveriges kuster är "indikationerna" på förekomsten av ett postmodernt "vetandetillstånd" eller en dito "kulturell dominant", i vårt samhälle många och skiftande. Detsamma gäller de analyser av situationen som samhällsteoretiker likt Lyotard och Baudrillard (eller Paul Virilio, Fredric Jameson och Thomas Ziehe för att nämna några andra) bjuder oss.

Men medan vi åtminstone teoretiskt kan hoppas på att få se ubåtspaningarnas alla indikationer stråla samman till en enhet och materialiseras i en kall kropp av grått stål, så kan vi inte nära något sådant hopp när det gäller det postmoderna, vare sig i allmänhet – eller i denna utställning. Det fragmentariska och paradoxala är dess kännetecken; alla system är öppna och tillfälliga, helheten rämnar i tecknens spel.

Något liknande gäller analysernas eventuella sanningshalt. Vi kan knappast avkräva en teori som ser sanningen som en metafysisk konstruktion "sanningen". "Teorins hemlighet är att någon sanning inte existerar" säger Baudrillard, "teori är simulering"³. ③

Men även om de postmoderna indikationernas nät vävs allt tätare så dröjer sig våra traditionella föreställningar om världen kvar. Jag har svårt att tro att de allt häftigare vågorna av nostalgi-, neo- och retroföreteelser, som sköljer genom vår kultur "bara" springer ur en tids- och historieuppfattning i upplösningstillstånd, ur en situation där historien är en del av den samtida repertoaren, omedelbart tillgänglig för konsumtion, komprimerad likt i ett jättelikt teleobjektiv. Är det inte i minst lika hög grad fråga om krampaktiga försök att få bekräftelse på att allt fortfarande är som det har varit, att de gamla värdena består och ingenting har hänt? Tänk bara på det neo-expressionistiska måleriets, med häftig gestik frammanade, bilder av Myt och Historia, Närvaro och Passion. Det skramlar ofta tomt bakom den simulerat expressiva ytan.

Parallellt med de i någon mening "objektiva" processerna i vårt samhälle, och de till dem mer eller mindre direkt relaterade teorierna och analyserna, pågår en nedbrytningsprocess s a s från andra hållet. Inom den poststrukturalistiska filosofin och denna närliggande områden pågår en nedmontering eller dekonstruktion av de föreställningar om människan, världen och historien, som varit förhärskande i västerlandet i århundranden. Föreställningar som tyckts naturliga men som i dekonstruktionens kyliga ljus avslöjas som ideologiska konstruktioner, uppbackade av en mer eller mindre öppet auktoritär rekommendation; den västerländska humanismen. Det finns ingen

Well, after all this talk of the author's "death" it is time to say something about what living artists are doing, artists actually at work in this turbulent situation. There are no simple answers of course —even less so than during the Modern period. One's clearest impression is perhaps of a kind of threatening lack of distinctness. Even the distinctions between sensuous affirmation and criticism, between theory and practice, for example that one uses as a viewer seem to have imploded. The Postmodern artist is not usually an explicit critic or revolutionary, that role is accepted now and therefore harmless. The artist can more aptly be comparted to an agent provocateur, half seduced by his or her victim: Joseph Kosuth by formalism? Giulio Paolini by classicism? Gretchen Bender by the abstract video rhetoric of the large corporations? This ambiguously risky strategy is intimately linked with Poststructuralism. The same is true of the unhierarchical relationship between on the one hand artistic production and, on the other the texts and theories of artists, critics and others. Artworks may **arise** out of theory, they may be partically **catalysed** by theory, they may **engender** theory, they may actually **be** theory. It is obvious for example, that to separate the texts of Robert Smithson or Dan Graham from their other works (to name but two Postmodern artists who are not represented in "IMPLOSION" but were presented thoroughly in "Vanishing Points" at the Moderna Museet in 1984) is to execute an ideologically motivated mutilation—a mutilation in accordance with the conventions of Modernist aesthetics, which distinguish painting from sculpture and above all what was thought of as "spatial" art from "temporal art", for example literature.[6] ⑥

Where should a tour of an exhibition subtitled "a Postmodern Perspective" begin if not in a room full of the objects and paintings of Marcel Duchamp. and Francis Picabia? The presence of these two Postmodernists **avant la lettre**[7] seems to ⑦ question the connection be-

verklighet före kulturen, bortom språket, menar man. Språket kan inte representera en värld utanför sig själv, utan fungerar genom negativa relationer, genom ett spel mellan olikheter, det som dekonstruktionens "fader" Jaques Derrida kallar "differance". I den teoretiska jargongen har det lett till att man nu talar inte bara om såväl "meningens" som den oförmedlade upplevelsens omöjlighet utan också om det skapande subjektets och därmed författarens – upphovsmannens – död.

När man talar om författarens – eller konstnärens – "död", handlar det självfallet vare sig om någon kollektiv fysisk hädangång eller om omöjligheten i sig av att skriva böcker eller måla målningar. Snarare kan man säga att det rör sig om en förskjutning från den romantiska uppfattningen om konstnären som ett suveränt skapande geni, till vilken verkets hela mening ytterst går att återföra, mot en betoning av läsarens eller betraktarens roll. Som en av konstnärerna i utställningen, Sherrie Levine, skrev i en parafras på Roland Barthes berömda essä "Författarens död"[4]: "Betraktaren är den tavla på vilken alla de citat ④ som bildar en målning ristats in utan att något av dem gått förlorat. En målnings innebörd ligger inte i dess ursprung, utan i dess destination. Betraktarens födelse måste äga rum på målarens bekostnad."[5] ⑤

Nåväl, efter allt detta tal om "upphovsmannens död" borde det vara dags att säga något om vad de "reellt existerande konstnärerna" gör, de konstnärer som faktiskt verkar i denna högst turbulenta situation. Givetvis finns – än mindre än under den moderna perioden – inte några enkla svar. Tydligast är rent av kanske en sorts "farlig" otydlighet – även de distinktioner, t ex mellan lustfyllt bejakande och kritik, mellan teori och praktik, man som betraktare brukar ha hjälp av tycks ha imploderat. Den postmoderne konstnären är sällan någon öppen kritiker eller revolutionär. Den rollen är numera accepterad och ofarlig. Snarare kan han liknas vid en **agent provocateur**, till synes halvt förförd av sitt offer – Joseph Kosuth av Formalismen? Giulio Paolini av Klassicismen? Gretchen Bender av storföretagens abstrakta videoretorik? Denna dubbelsidigt farliga strategi är intimt förknippad med Poststrukturalismen. Detsamma gäller det mer ohierarkiska förhållandet mellan "konstnärlig produktion" å ena sidan och egna och andras texter och teorier å den andra. Konstverk kan **uppstå ur** teori, ha den som en slags poetisk katalysator, de kan **alstra** teori, de kan själva **vara** teori. Det är uppenbart att den som exempelvis skiljer ut Robert Smithsons eller Dan Grahams (för att ta två postmoderna konstnärer som **inte** är representerade i IMPLOSION men presenterades ingående i Flyktpunkter på Moderna Museet 1984),

tween a certain phase of social development—the post-industrial information society—and postmodernist art. But if in their presence they seem to undermine a historical model of explanation, they also provide the possibility of perceiving a suppressed antimetaphysical tradition in art history. This tradition is perhaps easier to see from our perspective than it was before the deconstruction of a number of modernism's doctrines began to be eloquently articulated.

When Duchamp signed his first real readymade in 1914, the famous galvanized iron bottle rack, he transformed himself into a kind of exchange apparatus turning mass-produced objects into works of art. Duchamp chooses the work of art, but has absolutely no control over how it is made. In other words he disconnects the art object from what earlier was considered decisive to its meaning and originality: the genesis of its form in the unique personal emotions and ideas of the artist. An interpretation of, for example, Duchamp's readymade **Fontaine** (1917) as something other than what it "actually" is—a urinal—cannot be linked to Duchamp. It is the viewer's creation.

Through his readymades, and through the depersonification, not to say mechanization, of the artistic act involved in his plays on words, Duchamp poses a number of searching questions as to what art is. He does so, in the words of Rosalind E. Krauss, by presenting "a work which is irreducible under formal analysis, which is detached from his own personal feelings, and for which there is no resolution of one's efforts to decode or understand it."[8] ⑧

By exhibiting mass-produced objects—and by encouraging the making of copies of his more "unique" works, such as **La Mariée mise à nu par ses célibataires, même** (The bride undressed by her bachelors, even, 1915—23). Duchamp undermines the idea of originality and authenticity as a precondition of calling someting a work of art and of seeing it as such. It

would probably be more appropriate to consider a collection of Duchamp works such as that of the Moderna Museet, 15 of whose 21

MARCEL DUCHAMP:
Porte-bouteilles. 1914
Flasktorkaren

works are so-called copies (which bottle-rack is the original is an open question), as more Duchampian than a collection of so-called originals.

Duchamp's exchange operation makes it obvious that in our culture the work of art is doomed to a life as a fetish, without any utility value whatsoever. The readymade becomes a work of art because it is isolated from its utility function in a museum —a fetishism consciously emphasized by the Moderna Museet's very elegant display of its Duchamp works.

Compared to Duchamp, Picabia, Duchamp's long-standing friend and brother-in-arms, may seem much less radical. But appearances can be deceptive—a truism, for our times if ever there was one. Picabia conducts his subversive maneuvers almost entirely within a traditional system, that of Painting. He becomes a kind of prototype of the agent provocateur of the '80s, who has seen the "rebellions", the "definitive breaks", of different avant-garde phenomena be neutralized, becoming an artificial part of the artist's

texter från deras övriga produktion utför en ideologiskt betingad stympning. En stympning enligt den modernistiska estetikens mallar, där vattentäta skott skiljer dels måleriet från skulpturen, men framför allt de som man ansåg "spatiala" konstarterna från de "temporala", t ex litteraturen.[6] ⑥

Var skall man börja en vandring genom en utställning som har undertiteln "ett postmodernt perspektiv" om inte i ett rum fyllt med objekt och målningar av Marcel Duchamp och Francis Picabia? Förekomsten av dessa postmodernister avant la lettre[7], gör genast ⑦ kopplingen mellan en viss fas i samhällsutvecklingen – det postindustriella informationssamhället – och en postmodern(istisk) konst paradoxal. Samtidigt som en historisk förklaringsmodell tycks omöjlig öppnar sig möjligheten att från vårt perspektiv, där dekonstruktionen av en rad av modernismens doktriner börjar bli väl artikulerad, se en förträngd anti-metafysisk tradition i konsthistorien . . .

När Duchamp 1914 signerar sin första renodlade ready-made, den berömda flasktorkaren i galvaniserat järn, förvandlar han sig till en slags växlingsapparat, som gör massproducerade objekt till konstverk. Han **väljer**, men har ingen, absolut ingen kontroll över hur verket görs. Alltså måste det vara frikopplat från det man tidigare hade betraktat som avgörande för ett verks betydelse och originalitet: formens upprinnelse i konstnärens inre känslor och unikt personliga idéer. En tolkning av t ex Duchamps ready-made Fountain (Fontän, 1917) som något annat än det den "egentligen" är – en pissoir – kan inte förankras i Duchamp. Den är betraktarens skapelse.

Med sina ready-mades – liksom med den avpersonifiering för att inte säga mekanisering av konstskapandet som hans ordlekar innebär – ställer Duchamp en rad närgångna frågor om vad konst egentligen är. Han gör det genom att, med Rosalind E. Krauss ord "presentera ett arbete som inte låter sig reduceras i en formell analys, som är frikopplat från hans egna personliga känslor, och för vilket det inte finns någon lösning på ens ansträngningar att dechiffrera eller förstå det".[8] ⑧

Genom att ställa ut massproducerade föremål – och dessutom uppmuntra kopieringen av de mer "unika" verken, t ex La mariée mise à nu par ces célibataires, même (Bruden avklädd av sina ungkarlar t o m 1915–23) – underminerar han föreställningen om originaliteten och autenticiteten som en grundförutsättning för att något skall kunna kallas för – och uppfattas som – ett konstverk. Snarare är det så att en samling Duchamp-verk som Moderna Museets, där 15 av de 21 verken är s k kopior (vilken flasktorkare var originalet kan man för övrigt fråga sig) är mer duchampsk än

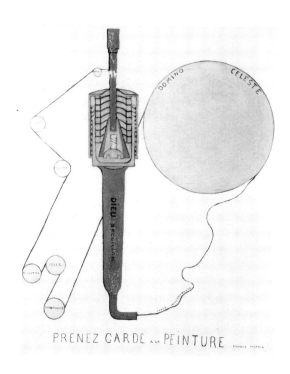

PRENEZ GARDE À LA PEINTURE

FRANCIS PICABIA:
Prenez garde à la peinture. 1916
Se upp för målningen

role. Picabia seems to see artistic style not as bound up with a unique creative subject but as a culturally given readymade. The detachment of the painter's "inner life" from the painters "style" is obvious in a "machine painting" such as **Prenez garde à la peinture** (Beware of the painting, 1917—19), but even when Picabia's brushwork and imagery become more "expressive" it remains obvious, because of his fast leaps between different styles—engineer's drawings, violent erotic monsters, art history, pin'ups, pure "concretism". One can understand how delighted Picabia was with Benjamin de Cassere's words in **Camera Word** in 1912: "In poetry, physics, practical life there is nothing that is any longer moored to a certainty, nothing that is forbidden, nothing that cannot be stood on its head and glorified. The indefinite, the uncertain, the paradoxical, is the scarlet paradise of intellectual intoxication." Did I hear somebody murmur something about Postmodernism *avant la lettre?*

Picabia's way of quoting, treating well-known styles as objects, differs from for example Expressionism's

en samling s k original. Hellre repliker än reliker!

I den växlingsoperation Duchamp utför blir det uppenbart att i vår kultur är konstverket dömt till ett liv som fetisch, utan något som helst bruksvärde. Readymaden blir konstverk genom att det i ett museum isoleras från sin nyttofunktion – en fetischisering som betonas i Moderna Museets synnerligen eleganta Duchamp-presentation.

Jämförd med Duchamp kan hans mångårige vän och vapenbroder Francis Picabia synas långt mindre radikal. Men skenet kan också bedra – i sanning en truism i dessa tider. Picabia utför sina subversiva manövrar så gott som helt **inom** ett traditionellt system – Måleriet. Han blir en sorts prototyp för 80-talets **agent provocateur**, som sett "upproren mot" och "de slutgiltiga brytningarna" med olika företeelser bli en desarmerad del av konstnärsrollen. Picabia tycks inte se den konstnärliga stilen som bunden till ett unikt skapande subjekt – utan som en kulturellt given ready-made! Frikopplingen mellan målarens "inre" och "stilen" är uppenbar i en "maskinmålning" som <u>Prenez garde à la peinture</u> (Se upp för målningen, 1917–19) men den består dessutom, tack vare de snabba hoppen mellan stilarna, även när penselföringen och bildvokabulären blir mer "expressionistisk". Ingenjörsritningar eller häftiga, erotiska monster eller konsthistoria eller pinuppor eller renodlad "konkretism"... Man kan förstå hur förtjust Picabia var i Benjamin de Casseres ord i Camera World 1912: "Inom poesin, fysiken och det praktiska livet, finns det ingenting längre, som är kopplat till något säkert, ingenting som är förbjudet, inget som inte kan ställas på huvudet och glorifieras. Det obegränsade, det osäkra, det paradoxala är den intellektuella berusningens charlakansröda paradis." Hörde jag något om postmodernism <u>avant la lettre?</u>

Picabias sätt att citera, där välkända stilar behandlas som ting, skiljer sig från t ex expressionismens och den tidiga kubismens sätt att använda former från de s k primitiva kulturerna. Det handlar inte om att lägga mer bränsle på "autenticitetens" falnande eld utan snarare om att försöka släcka den. De stilar och bilder Picabia citerar är dessutom redan en del av hans publiks bildrepertoar. På så sätt har han egentligen (utan att någonsin få veta det, Picabia dog 1953) betydligt mer gemensamt med Pop-konstnärerna än med generationskamrater som Braque, Matisse eller Picasso.

Det är just under 50-talet som bildrepertoaren, genom mediernas snabba utveckling, växer med en tidigare ofattbar hastighet. Om Picabia citerar, så badar Robert Rauschenberg i ett till synes osorterat flöde av bilder. När han arbetar med sin kanske mest

ter." His condemnation of Minimalism on the grounds that it approaches the condition of theater ("**what lies between the arts is theater**") ar-

DANIEL BUREN:
La Place des Colonnes. 1984
Pelarnas plats
Installation Moderna Museet

ises from the theories of formalist Modernism. This view of Modernism—which predominates in the criticism of the postwar years, with Clement Greenberg as its leading figure—has its roots in the Enlightenment and Immanuel Kant. One of its chief characteristics is precisely its "essentialism", its belief that painting, sculpture, music, and the other arts are **universally given**, and that it is the task of each form of art to extract its absolute essence by means of a kind of self-analysis, an examination of its own terms—in the terms of color and flatness in painting, for example.

Like Fried, Greenberg sees Modernism as a series of steps from Manet through cubism and Abstract Expressionism toward a painting that is "only painting", liberated from everything extraneous to it, for example so-called literary meaning. Thus it is not just essentialism that is at stake but a paradoxical historicism, a linear model of history that cultivates remarkable claims of universal, transhistorical application.

I remarked that Minimalism follows the straight track that Modernism has laid be-

fore it. And anonymous objects, their surfaces modeled by the machine rather than the hands, carry to an extreme the thesis that the work of art should form a closed, autonomous unit, with no references to anything outside itself. But, as often happens when a sys-

tem of thought is pursued to its ultimate consequence, the result is that the system undermines its own foundations. At a certain point Minimalism leaves the traditional categories of both painting and sculpture behind, finding itself "between the arts". Turning into essence, it is revealed as an ideological construct.

In spite of the obvious differences between Minimalism and Pop art—the former severe and philosophical, the latter easygoing and antielitist—the relationship between the two is striking. Both start out from the principle of composition that Donald Judd calls "one thing after another", from rows and series, whether of identical boxes or, of mass-media pictures. Judd's and Robert Morris's Minimalist objects can also be said to have their roots in Duchamp's ready-mades, just as much as Rauschenberg's, Johns's, and Warhol's works; the difference is that the materials the Minimalists use are not as fraught with cultural associations. Instead of questioning the picture's very status as a depiction, the Minimalists exploit serial repetition in order to enter a new area in which

utan språkliga till sin karaktär, det vill säga, de beskriver inte beteendet hos fysiska eller mentala objekt; de är uttryck för definitioner av konsten, eller för de formella konsekvenserna av dessa definitioner" skriver Joseph Kosuth 1969[14]. Från och med 1965 och verk som <u>One and Three Photographs</u> (Ett och tre fotografier) där ett "originalfotografi" är placerat mellan ett foto av samma fotografi (!) och en uppförstorad ordboksdefinition av ordet "fotografi" genomför han en rigorös kritik av den modernistiska konsten, som han ser som en kulturell konstruktion och av dess modell för mening genom oförmedlad upplevelse ("Oförmedlad upplevelse är en filosofisk omöjlighet", Paul de Man). Det är en oeuvre som uppstår i nära samspel med avancerad filosofi och samhällsteori – under 60- och början av 70-talet främst Ludwig Wittgensteins språkfilosofi, på 70-talet radikal antropologi och Frankfurterskolans kritiska teori och på 80-talet Freud och poststrukturalismen.

I konceptkonsten (till vars "instiftare" Kosuth brukar räknas) liksom i angränsande former som t ex performance och jordkonst, imploderar modernismens strängt åtskilda konstarter i varandra. "Främmande element" som foto och text inkorporeras i verken.

Det är också konceptkonsten, som på allvar drar in kontexten och konsten som institution i diskussionen – produktionen. Insikten om sammanhangets avgörande betydelse för hur man uppfattar något, och om hur betydelsen alltså skiftar med kontexten, leder till att intresset ytterligare förskjuts mot institutionernas och marknadernas – konstsystemets – roll (redan Duchamp berör ju med sina ready-mades frågan).

1969 skriver den franske konstnären Daniel Buren om museet och galleriet som "ett ofrånkomligt 'underlag' på vilket konsthistorien målas upp"[15]. Sedan fyra år hade han då bedrivit sina undersökningar av detta "underlags" alla upptänkliga aspekter med hjälp av de nu välkända 8,7 cm breda ränder han ursprungligen hämtade från de klassiska franska tygmarkiserna. Dessa ränder har under åren sedan hissats som flaggor, affischerats i tunnelbanor, burits som demonstrationsplakat och inte minst poserat som måleri i en rad subversiva museiinstallationer. Hans installation i Moderna Museet 1984 visade på ett närmast sadistiskt vackert sätt hur Nya Salens "demokratiska" industrilika arkitektur från 70-talet i sig trots allt bär det klassiska museets kolonnader – och i dess förlängning en konservativ syn på museet som ett konstens tempel: Mot salens främsta kännetecken, de 96 ljusbrunnarna i det korrugerade plåttaket, reste han halvtransparenta randiga tygkolonner, som tillsammans bildade ett klassiskt grekiskt tempel!

MARCEL BROODTHAERS:
Musée d'Art Moderne,
Departement des Aigles,
Sextion XIX Siècle
Rue de la Pépinière, Bryssel
27/9 1968–27/9 1969

representation—the relationship between sign and signified, cause and effect, originality and copy, as we usually refer to them—can be seen as quite **natural**. For the idea, central to Modernist sculpture, that visible form is an expression of an inner core of matter, a center in an analog with the ancient dualism between soul and body, falls into just this new area.

Look at the boxes of Donald Judd's magnificent **Untitled** (1965), sitting on the wall "one thing after another", and see how palpably empty and shell-like they are. Their absence of meaning is entirely visible on their galvanized surfaces.

The history of Modernism is in a way the history of the attempt to get away from the problems of depiction or representation by proclaiming the autonomy of the sign and asserting the status of presence and unmediated experience. Within Postmodernism, on the other hand, there is a clear tendency to try to enter the old representational models problematic—"The basic theoretical problem of the picture consists in its relationship to the **original**", the Italian philosopher Mario Perniola points out[13]—instead of shying away from their difficulties.

"The propositions of art

En något mer excentrisk roll som **agent provocateur** i museets salar tar belgaren Marcel Broodthaers på sig, när han 1968 i Bryssel öppnar Musée d'Art Moderne, Département des Aigles, Section XIX siècle (Museet för modern konst, Avdelningen för örnar, sektionen för 1800-tal). Ett ettårigt konstverk, som under de kommande åren följs av tio andra sektioner (sektionen för 1600-tal, för affärer, för figurer osv) på olika platser i Belgien och Tyskland. Den tidigt bortgångne Broodthaers konst var konsekvent motsägelsefull och paradoxal. I Musée d'Art Moderne etc vänds institutionens hierarkier uppochned. Konstnären blir museichef, museet saknar det som konstituerar ett museum, en permanent samling, och det ambulerar dessutom mellan olika städer.

I den första "sektionen" ställer Broodthaers ut de packlårar och lådor som används vid transporten av värdefulla konstverk – ett väsentligt visuellt inslag i den del av museet som **inte** är öppen för allmänheten. I "sektionen för figurer (örnen från oligocen till nutid)" i Kunsthalle Düsseldorf 1972 visar han 300 örnbilder av alla upptänkliga typer och slag – ett sätt att ordna materialet som helt strider mot det moderna museets konventioner, där stilen, och inte motivet, bestämmer ordningen. Varje bild har dessutom en etikett, som (med en Magritte-parafras) på franska, tyska och engelska meddelar, att "detta är inte ett konstverk". En sorts inverterad ready-made-tanke, som antyder att på samma sätt som konstnären kan utnämna ett vardagsting till konstverk, kan museidirektören – institutionen – beröva konstverket dess särställning och göra det till ett ting, vilket som helst...

Marcel Broodthaers arbeten tycks hämta mycket av sin paradoxala "dammiga energi" ur en spänningsfylld relation till det europeiska kulturarvet. Utan att vilja föregripa Germano Celants essä i katalogen, vill jag påstå att det också är denna speciella relation, som är den europeiska postmodernismens särmärke. Den sätter sina spår såväl i form av en **stillsam omsorg** i konstverkets utförande, som av en **historisk närvaro**, vilken ytterligare komplicerar (men kanske också skyler över?) de skador, som de olika postmoderna strategierna – citaten, parodierna, simuleringen – åstadkommer i de estetiska systemen. Vi kan se det i utställningen hos exempelvis Sigmar Polke, Gerhard Richter, Giulio Paolini, Reinhard Mucha och Gerhard Merz och känner igen det från svenska konstnärer som Ola Billgren och Ulrik Samuelson.

Den noggrannhet, med vilken den tyske konstnären Sigmar Polke på 60-talet utför sina "rastermålningar" (där stereotypa fotografier förvandlas till gåtfulla konstverk) och "tygmålningar" (där de högkulturella modernistiska gesterna banaliseras när de

are not factual, but linguistic in character, that is they do not describe the behavior of physical or even mental objects; they express definitions of art or the formal consequences of definitions of art", Joseph Kosuth writes in 1969.[14] From 1965 onward, in (14) works such as **One and Three Photographs**, which consists of an "original" photograph placed between a photograph of this same image and an enlarged definition of the word "photography" taken from a dictionary, Kosuth engages in a rigorous critique of Modernist art, which he sees as a cultural construction, and of its model of meaning as conveyable through unmediated experience. ("Unmediated expression is a philosophical impossibility", according to Paul de Man.) This oeuvre comes into being in close interplay with advanced philosophy and social theory—in the '60s and '70s, chiefly Ludwig Wittgenstein's linguistic philosophy; in the '70s, radical anthropology and the critical ideas of the Frankfurt school; and in the '80s, Freud and Poststructuralism.

In Conceptual art—Kosuth is usually regarded as one of its "instigators"—as in related forms such as performance and earth art, for example, the strictly separated art forms of Modernism implode into each other. "Foreign elements" such as photographs and texts are incorporated into the works. It is also Conceptual art that seriously introduces the ideas of art's context and of art as an institution. The insight into the decisive importance that context exerts on a viewer's perception of a work of art, the fact that a work's meaning changes because of its context, leads to a focus on the role of the institutions and the market, and of the art system. (Duchamp had touched on this matter too in his readymades.)

In 1969 the French artist Daniel Buren describes museums and galleries as the "inescapable 'support' on which art history is 'painted'." At the time, he had been pursuing his ex- (15) aminations of this "support", in all its possible aspects,

for four years through his now famous 8.7-centimeter stripes, originally taken from the classic French café awnings. Since then, these stripes have been hoisted as flags, put up as posters in subway stations, carried in demonstrations. Not least, they have posed as painting, in a number of subversive museum installations. In an almost sadistically beautiful way, Buren's 1984 installation at the Moderna Museet demonstrated how the "democratic" industrial architecture of the New Gallery, built in the '70s, carries within it the colonnades of classical architecture—and, as an extension of that, a conservative view of the museum as a temple of the arts. Toward the hall's chief characteristic, the 96 skylights in its corrugated plate roof, he raised semitransparent striped columns, which together formed a classical Greek temple.

A somewhat more eccentric role as agent provocateur in the rooms of the museum is shouldered by the Belgian Marcel Broodthaers when, in 1968, he opens the **Musée d'Art Moderne, Département des Aigles, Section XIX siècle** (Museum of modern art, department of eagles, 19th-century section). The work is up for a year, and is subsequently followed by ten other sections—the 17th-century section, the business section, the figures section, and so on—installed in different sites in Belgium and Germany. The art of Broodthaers, who died young, is consistently contradictory and paradoxical. In the **Musée d'Art Moderne** the hierarchies of the museum are stood on their heads. The artist becomes museum director; the museum lacks what usually constitutes a museum, a permanent collection; and it moves between different cities.

In the first "section" Broodthaers exhibits the crates and boxes used to transport valuable works of art—an important visual component of the part of the museum not open to the public. In the "Figures section" (the eagle from the Oligo-

utförs på svart sammet och blommigt bomullstyg) är något helt annat än Warhols löpande band-fabrikation. Masskulturens bilder i högkulturellt utförande; högkulturell stil på masskulturens yta; bilderna lagrade över varandra i målningen, likt sidorna i en konsthistoriebok: Polkes subversioner är så skiktade, att ens osäkerhet om deras mål och mening till slut känns som det enda säkra.

I den serie målningar från 1986 där Polke citerar Dürers teckningar för Gebetbuch Maximilian I (Kejsar Maximilian den förstes bönebok, 1512–13), utvecklar han detta till fulländning. Mot en bakgrund av mästerligt modernistiskt abstrakt ytmåleri, tecknar han upp de likaledes abstrakta figurationer, som Dürer uppfann för att dekorera bönebokens marginaler: han gör en handmålad version av ett abstrakt renässansmönster, som tecknats som förlaga till en bok – en tryckt bok, som skulle se ut som en medeltida handskrift... Tiden imploderar och minnet eroderar; Dürers mönster – esoteriska emblem för germansk innerlighet och komplexitet, som de kallats – får dela plats i Polkes bildbank med bilder av t ex koncentrationsläger. Inte heller här är effekten av Polkes sätt att arbeta, trots släktskapet med popkonsten, särskilt warholsk, snarare tvärt om. Allt, i stället för inget, tycks ha politisk brännkraft i Polkes måleri.

De konfrontationer mellan olika stilar och bilder, som sker i djupled mellan skikten i en målning av Polke, och i sidled i ett verk av t ex Rauschenberg, sker hos den tyske målaren Gerhard Richter snarast mellan de olika verken i oeuvren. S k "föreställande" måleri ställs mot "abstraktion", systematiska "färgkartor" mot "landskap". Den ena typen av måleri kritiserar den andra till den punkt där det blir uppenbart att de alla är just **typer**, kategorier inom ett system. Kategorier, som med olika argument ger sig ut för att representera något utanför sig själva, inte sällan en s k "verklighet". Men, som Richter säger i en intervju: "Jag vet ingenting om det verkliga, verkligheten. Det enda viktiga... är översättningen."[16] (16)

Liksom många andra under 60-talet tar han press-, reklam- och amatörfotografier till utgångspunkt för sitt måleri – som ett sätt att komma ifrån sådant som stil och komposition i traditionell bemärkelse. Men det är också genom att bilderna är tagna av andra, ett sätt att frikoppla måleriet från det personliga, från alla expressionistiska pretentioner. Samtidigt som Gerhard Richter målar av dessa fotografier med en spöklik precision, för han in måleriets konventioner i fotografiet – eller vice versa – som för att ytterligare tydliggöra att det rör sig om just konventioner.

De senaste tio årens produktion domineras av ett abstrakt måleri, där Richter till att börja med arbetar på

cene to the present day),''
at the Düsseldorf Kunst-
halle, he shows 300 pictures
of eagles of every possible
description; this way of
arranging material is entirely
at odds with the conventions
of the modern museum, in
which style, not subject mat-

GIULIO PAOLINI:
L'Exil du cygne. 1984
Svanens exil.
Plaster, drawing and
collage on canvas
Gips, teckning och collage på duk
Galleria Christian Stein, Turin

ter, determines order. Every
picture, moreover, is sup-
plied with a label that, para-
phrasing Magritte, informs
the viewer in French, Ger-
man, and English that ''this is
not a work of art''— a kind of
readymade thought, suggest-
ing that just as the artist is
free to call everyday objects
works of art, so the muse-
um director—and the insti-
tution—is free to deprive the
work of art of its uniqueness
and to make it into an object,
no different from all other ob-
jects.

Broodthaers' works
seem to derive much of their
paradoxal ''dusty energy''
from their tense relationship
with the European cultural
heritage. Without wanting to
anticipate Germano Celant's
contribution to this catalo-
gue, I venture to state that
this special relationship is
the peculiar characteristic of
European Postmodernism. It
leaves its imprint in the form
of a quiet concern with the
execution of the artwork, and
in a historical presence in the
works complicating (but
perhaps also concealing?)
the damage done to aesthe-
tic systems by the different
Postmodern strategies—
quotation, parody, simula-
tion, and so forth. It can be
perceived in this exhibition in

samma sätt som i ''fotomålningarna''. De abstrakta
dukarnas ''häftiga penselskrift'' är noggrant målad
efter förstoringar av små skisser. Men efter 1980
överger han fotoprojektionerna – när det gäller de
abstrakta bilderna – och målar s a s direkt, utan distan-
serande mellanled. Märkligt nog leder detta till att
bildrummet fjärmas ytterligare från det traditionella
måleriska rummet, såväl formellt som ideologiskt. Det
liknar nu mest en bildskärm, där en oändlig ström av
måleriska händelser utspelar sig, utan att därför
behöva förknippas med några expressionistiska idéer
om bildrummet som en scen för jagets teater.

Återigen tycks det stå klart att konsten klarar sig
utmärkt utan stöd från modernismens alla autentici-
tetsteorier (eller teologier). Ett annat tydligt – och oer-
hört vackert – exempel finner vi målat direkt på väg-
gen ovanför en av dörrarna i utställningen: Den tidigt
bortgångne målaren Blinky Palermos <u>Blaues Dreieck</u>
(Blå trekant, 1969). Som de flesta vet har inte verket
funnits där före utställningen, alltså kan inte Palermo
ha målat det. Likafullt bör det betraktas som ett verk av
honom; han har fattat alla, som han menade, avgö-
rande beslut, bestämt formen, dess storlek, färg och
placering. När utställningstiden är slut fortsätter mål-
ningen sitt liv i form av en papplåda innehållande en
schablon, en pensel och en tub blå färg...

I sina undersökningar av ett rämnande representa-
tionssystem – undersökningar som ofta ytterligare
vidgar sprickorna och påskyndar sammanbrottet,
skiljer sig de europeiska konstnärerna på en punkt
markant från sina amerikanska kollegor. Där de
amerikanska radikala konstnärerna riktar in sig på
modernismen, inte sällan i dess sena efterkrigsfas,
har européerna – av naturliga skäl? – ett helt annat
historiskt perspektiv. Renässansen, barocken eller
romantiken ses som självklara beståndsdelar av det
''system'' man utför sina manövrar i.

Italienaren Giulio Paolinis arbeten är sedan 60-talet
fulla av klassiska skulpturer, kolonner och piedestaler.
Men de handlar aldrig om dessa tings mening eller
ikonografi utan tingen är snarare att betrakta som red-
skap i en undersökning av de kulturella strukturer och
estetiska ideologier som kringgärdar skapandet.

Med de fragment ur kulturens lagar som han konfis-
kerar, konstruerar Paolini instabila helheter, där den
glasklara tanken och den gåtfulla känslan upplevs
som två sidor av samma mynt. Platons ideala ordning
reflekterad i klassicismen, i renässansperspektivets
matematiska rum – och i överförd bemärkelse i muse-
ets salar – är den representationens scen (eller pro-
cess) som Paolini noggrant undersöker.

Det Paolini visar är alltså inga objekt, utan snarare
iscensatta skeenden och processer. Detta är inte det

the works of, for example, Sigmar Polke, Gerhard Richter, Giulio Paolini, Reinhard Mucha, and Gerhard Merz, and is well-known to Swedish viewers from the works of artists such as Ola Billgren and Ulrik Samuelson.

The punctiliousness with which, in the '60s, the German artist Sigmar Polke executes his "screen paintings," which transform stereotypical kinds of photograph into enigmatic artworks, and "cloth paintings," banalizing highbrow Modernist gestures by executing them on black velvet and flowery cotton, is quite different from Warhol's assembly-line production. Pictures from mass culture executed by a sophisticated artist; a sophisticated style applied to the surface of mass culture; pictures disposed in layers in the painting, as if in the pages of an art-history book: Polke's subversions are stratified in such a way that one's uncertainty about their goal and meaning is finally the only thing that seems certain about them.

In a series of paintings from 1986, in which Polke quotes Dürer's drawings for the **Gebetbuch Maximilian I** (The prayerbook of Maximilian I, 1512–13), he brings this method to perfection. Against a masterly background of Modernist abstract surface painting, he draws the equally abstract figurations that Dürer devised as decorations for the margins of the prayerbook—makes a hand-painted version of an abstract pattern from the Renaissance, a pattern first drawn as a model for a book —a printed book, intended to look like a medieval manuscript... Time implodes, memory is eroded: Dürer's patterns—esoteric emblems of German religious devotion and psychological complexity, as they are considered —share room in Polke's picture bank with pictures of, for example, concentration camps. The effects of Polke's way of working are distinct from those of Warhol here, too, despite the affinity with Pop art. For Warhol, nothing is politically explosive; for Polke, everything is.

The confrontations between different styles and pictures that occur among the layers of Polke's paintings, and horizontally in a work by, for example, Rauschenberg, occur in the juxtapositions of the different works of the German painter Gerhard Richter. So-called "representational" painting is placed side by side with "abstraction," systematic "color maps" with "landscapes." One kind of painting criticizes another to the point where it becomes clear that all of them are precisely types, categories within a system. Through their different respective arguments, these categories profess to represent something outside themselves, often so-called "reality." But, as Richter has said in an interview, "I know nothing about the real, reality. The only important thing is the translation."[16]

During the '60s, like many other artists, Richter makes photographs—from the press, from advertising, made by amateur photographers—the startingpoint of his painting. This is a means of getting away from such things as style, composition, and so on, in the traditional sense of these words; and since the pictures are taken by others, it is also a way of detaching painting from the personal, from any pretension to "expression". At the same time as Richter reproduces these photographs with uncanny precision in his paintings, he introduces the conventions of painting into the photograph (or the other way round), as if to make even clearer, the fact that conventions are precisely what is at stake here.

Richter's production of the past ten years is dominated by abstract paintings. At first he works in the same way as in the photographic paintings: the "violent brushwork" of his abstract canvases is carefully painted from enlargements of small sketches. But after 1980 Richter abandons the use of projections for his abstract paintings and works as it were directly, without any distancing intermediaries. Curiously, the result is that the picture space is removed even more from the traditional painterly space, formally as well as ideologically. It

enda, som förenar honom med den tyske skulptören Reinhard Mucha. Båda bygger helheter, uppenbart tillfälliga sådana, med hjälp av heterogena element ur kulturens gigantiska lager. Låt vara att Muchas val ofta är mer prosaiska, men de visar också på ytterligare ett gemensamt intresse, nämligen för kontexten. Oftast konstruerar han sina verk på platsen, av material han hittat i det museum eller galleri där han för tillfället arbetar: skrivbord, stolar, stegar, lysrör, förpackningsmaterial – sådant som lätt betraktas som neutralt, men som faktiskt konstituerar konstverkens scen.

Tingen genomgår en märklig, kafka-lik metamorfos och får för en tid en roll i en mångröstad men formellt koncentrerad diskussion, som reflekterar över såväl barockens som minimalismens arv, och i förlängningen över den eviga frågan om betraktarens roll.

Inför Muchas arbeten kan man erfara minnet som en form av resande, en sorts turism. Om och om igen dyker referenser till resandet upp, i verkens titlar (Wartesaal, Flugzeug) och i hänsyftningar till tåg och järnvägsstationer. En liknande, lätt melankolisk turism, återkommer hos Muchas landsman Gerhard Merz. I rigoröst genomarbetade installationer samspelar arkitekturen, väggarnas färger, målningarna och verkens titlar, A Sojourn in Italy; Aus den Alpen; Dove sta Memoria... i en intensiv, längtansfylld minnesorgie. En färgklang, en bild, ett klimat, minnet av ljudet av ett främmande språk; som en våg sköljer verket över en, och i samma ögonblick kopplas det loss från dess upphovsman. Det är inte Gerhard Merz', utan ditt eget minne du möter...

Gerhard Merz' arbeten är emblematiska för den europeiska postmodernismen, med dess närhet till ett långt kulturarv. Tekniskt är hans målningar släkt med Warhols: silkscreentryckta fotografier och reproduktioner, stora monokroma ytor. Men den europeiska kulturens ångande bad tycks vara något helt annat än mediernas isande syra – de fotografier Merz använder är t o m klassiska kompositioner – och Warhol känns mycket fjärran. Frågan är dock, och den tränger sig obönhörligt på: är också minnets och kulturens aura med sitt varma mättade ljus en skenbild, en fantom? Är drömmen om södern en nordisk kliché?

En berättelse som denna skapar oundvikligen en viss ordning i händelseutvecklingen. En ordning som inte tar hänsyn till sådant som lokala influenser och skeenden och kanske alltför markant skiljer de olika generationerna från varandra. Med andra ord, den beskriver förmodligen konstens nomadiska vandringar alltför mycket som en spikrak karavanrutt. Hur än texten har tagit oss hit, befinner vi oss nu bland en grupp konstnärer, som lika gärna kunde varit vandringens utgångspunkt, då det är i anslutning till deras

now resembles a picture screen on which painterly events take place in an infinite stream, without having to be connected to any expressionist ideas about the picture space as the theater of the self.

Once more, it seems obvious that art can do very well without the help of modernism's theories (or theologies) of authenticity. Another clear example of this and a very beautiful one, is painted directly on the wall above one of the doors of the exhibition: **Blaues Dreieck** (Blue Triangle 1969), by Blinky Palermo, another artist who died young. As most visitors will know, the piece was not on this wall before the exhibition began, so it can't have been painted by Palermo himself. Nevertheless, it should be considered one of his works, for all the important decisions implicit in it, as he understood them, are his: the form, its size, its color, the location. When the exhibition is over the painting will continue its life in the form of a cardboard box containing a pattern, a brush, and a tube of blue pigment.

European artists differ markedly from their American colleagues in their investigations of a cracking system of representation—investigations that often widen the cracks still farther, and speed up the disintegration. While radical American artists often make a target of Modernism, particularly in its late postwar phase, the Europeans—for natural reasons?—frequently see matters in an entirely different historical perspective. The Renaissance, the Baroque, or Romanticism are looked upon as obvious components of the "system" in which the artist performs his or her maneuvers.

The works of the Italian artist Giulio Paolini have been full of classical sculptures, columns, and pedestals ever since the '60s. But they are never concerned with the meaning of these objects, or their iconography; rather, the objects should be viewed as instruments in an investigation of the cultural structures and aesthetic ideologies involved in the creative act.

Through the fragments that he confiscates from cultures store, Paolini constructs unstable wholes, whose crystal-clear thought and enigmatic emotions the viewer experiences as the two sides of a coin. The ideal order of Plato, reflected in classicism and in the mathematical space of Renaissance perspective—and, in a figurative sense, in the rooms of the museum—constitutes the representational stage (or process) that is the subject of Paolini's study. What Paolini shows, then, are not objects but rather staged events and processes.

This is not the only link between Paolini and the German sculptor Reinhard Mucha. Both artists construct unities, obviously temporary ones, with the help of various elements from the gigantic store of culture. Though Mucha's selections are often more prosaic than Paolini's, they point to yet another interest that these artists have in common: context. Most often Mucha constructs his works in situ, using materials he finds in the museum or gallery where he is working at the time: desks, chairs, ladders, fluorescent-light tubes, packing materials —things that can easily be dismissed as neutral, but that actually constitute the stage of the artwork. These objects undergo a strange, Kafkaesque metamorphosis in his work, temporarily taking on a role in a many-voiced but formally concentrated discussion—of the heritage of the Baroque as much as of Minimalism, and, as an extension, of the eternal question of the role of the viewer.

Confronted with Mucha's works, one is apt to perceive memory as a kind of travel, a kind of tourism. Over and over again, references to travel crop up in his titles (**Wartesaal/Waitingroom, Flugzeug/Aeroplane**) and in his evocations of trains and railway stations. A similar, slightly melancholy kind of tourism appears in the work of Mucha's compatriot Gerhard Merz. In Merz's rigorously elaborated installations, architecture, the colors of walls, paintings, and the works' titles (**A Sojourn in Italy; Aus den Alpen/From**

arbeten som den teoretiska diskussionen om postmodernismen på allvar tar fart. De är alla amerikaner och födda åren kring 1950, alltså uppvuxna under den epok som, inte minst i USA, framför allt karaktäriseras av mediernas, kommunikationsteknologiernas, databehandlingens − kort sagt det postindustriella informationssamhällets − explosionsartade framväxt. De är "uppfödda på film och TV" och har i flera fall försörjt sig genom att arbeta i mediaindustrin, t ex med grafisk formgivning. Samtidigt som många av dem är ointresserade av traditionella "konstnärliga värden" − hur bilden **fungerar** är det viktiga − har de lärt sig mycket av såväl popkonsten, som minimalismen och konceptkonsten. "The pictures-generation", dvs "bildgenerationen" har blivit den lite slarviga samlingsbeteckningen på denna grupp konstnärer (inte "konstnärsgrupp") som hittar sin inriktning under 70-talets andra hälft och träder in på konstscenen kring 1980, något skymda av det s k neoexpressionistiska måleriets extrema marknadsframgångar. Hur skymda de verkligen var, beror förstås på vad man betraktar som konstens scen. Redan tidigt uppmärksammas en rad av dessa konstnärer av de radikala poststrukturalistiskt influerade kritiker, som från olika utgångspunkter försökte dekonstruera modernismens estetiska system; Douglas Crimp, Rosalind E. Krauss, Craig Owens, Hal Foster och Kate Linker bl a. Detta medan marknaden inte alltid var lika trakterad.

Redan hösten 1977 hade Crimp organiserat utställningen Pictures, med bl a Sherrie Levine och Robert Longo på Artists Space i New York. En föga uppmärksammad men historiskt betydelsefull utställning, där han lyfter fram det för modernismen så förhatliga teatrala draget hos dessa konstnärer och pekar på hur deras bilder springer ur intresset för och arbetet med film och performance.[17] Fler utställningar på Artists ⑰ Space följer och 1980 öppnar galleriet Metro Pictures, där merparten av de här aktuella konstnärerna sedan ställt ut.

Under den tid, som de grundläggande frågorna formuleras, kan det för en utomstående nästan se ut som om konstnärer och kritiker samarbetar i en gemensam attack på modernismen. Robert Longos svit stora teckningar med samlingstiteln Men in the Cities, (1979−82), där ensamma gestalter framträder isolerade i ett vitt vakuum, som frusna i en rörelse, likt i stroboskopljuset på ett diskotek − eller som träffade av en mördares kulor − är t ex emblematisk för den dragning till det allegoriska, som Craig Owens i två banbrytande essäer från 1980[18] ser som karaktäristisk ⑱ för postmodernismen. Dansande eller döende? Och i senare verk: Älskande eller stridande? Sovande eller döda? Två lika tänkbara tolkningar blockerar ohjälpligt

the Alps/; **Dove sta Memoria/ Where stands memory**) combine in an intense, wistful orgy of memories. A particular color, an image, a climate, the memory of the sound of a foreign language; the work floods the viewer like a wave, and, at the same moment, is detached from its author. It is not Merz's memory but one's own that confronts one.

Merz's works are emblematic of European Postmodernism, relying as it does on a long cultural heritage. Technically, his paintings are related to Warhol's silkscreen prints of photographs and reproductions, large monochrome surfaces. But the vapor bath of European culture is apparently quite different from the icy acid of the media that so preoccupies American artists: the photographs Merz uses even evoke classical compositions, and Warhol seems very distant. One question is hard to ward off, however: isn't this aura of memory and culture, with its warm, saturated light, a mere phantom, a figment of the imagination? Isn't the dream of the south a Nordic cliché?

A story like that narrated here inevitably suggests a certain order in events, an order that does not take into account such factors as local influences and activities, and that may on occasion distinguish the different generations from each other in too neat a fashion. In other words, it probably describes art's nomadic wanderings too much as a straight caravan route. Irrespective of the devious ways the text got us here, we now have reached a group of artists who might easily have been the starting point of our tour, as it is in connection with their works that the theoretical discussion of Postmodernism begins to gather momentum. They are all Americans, all born around 1950; in other words, they grew up in an epoch characterized, not least in the U.S., by an explosive growth of the media, the technologies of communication, the processing of data—in short, they grew up in the postindustrial information society. They were brought up on film and television, as the cliché goes, and

have in some cases made a living working in the media, for example as graphic designers. Many of them are uninterested in traditional artistic values—how a picture **works** is their prime concern —but they have learnt a lot from Pop art, Minimalism, and Conceptual art. A somewhat careless collective term sometimes used to describe this group of artists is ''the pictures generation''. They discovered their particular talent in the late '70s, and appeared on the art scene around 1980, somewhat overshadowed by the market success of the so-called neo-Expressionist painters; but the degree of their obscurity of course depends on what one considers the art scene to be. Early on, a number of these artists were noticed by radical critics influenced by Poststructuralism, and trying, in different ways, to deconstruct Modernism's aesthetic system: Douglas Crimp, Rosalind E. Krauss, Craig Owens, Hal Foster, Kate Linker, and others. The market was not always particularly pleased.

As early as the autumn of 1977 Crimp had organized the show ''Pictures'', at Artists Space, New York, which included works by Sherrie Levine and Robert Longo, among others. The show did not attract much attention, but it was historically important, for it emphasized the theatrical element—so distasteful to Modernism—typical of the work of these artists, pointing out how their pictures spring from their involvement with film and performance.[17] More exhibitions ⑰ at Artists Space followed, and in 1980 in New York a new gallery, Metro Pictures, opened where most of the artists mentioned in this context exhibited.

During the period when these fundamental questions were being formulated an outsider might easily have formed the impression that artists and critics were collaborating in a joint attack on Modernism. Robert Longo's suite of large drawings collectively entitled **Men in the Cities** (1979–82), in which lonely figures appear isolated in a white vacuum, as though frozen in a movement

varandra i vad som ytterst kan ses som allegorier över teckensystemens oläsbarhet.

På ett liknande sätt pekar Cindy Shermans Untitled Film stills (1977–80) mot den franske psykoanalytikern Jaques Lacans teorier om jaget och sexualiteten som en samhällelig konstruktion. Med sig själv som modell ''skapar'' hon dussintals flickor och kvinnor vi tycker oss känna igen från 50-talsfilmens (och livets?) rollistor: ''karriärflickan'', ''vampen'', den troskyldiga ''college-tjejen'' osv..

Liksom Cindy Sherman använder sig flertalet av konstnärerna av fotografiet som medium. Samtidigt som de får tillgång till det coola, effektiva språk som utvecklats kring fotot i kommersiella sammanhang, kommer de ifrån det handmålade objektets ''aura''. Fotografiet kan ses som ett kongenialt medium för en postmodern praktik, där originaliteten framstår som inte bara en praktisk svårighet utan som en teoretisk omöjlighet. Var finns originalet i ett fotografi? I ''motivet'', eller i de ljusstrålar det reflekterar på filmens emulsion, eller kanske i negativet? Eller är originalet kopian – och i så fall vilken av det oändliga antal man kan göra?

Just tvillingbegreppet originalitet/original betraktas av postmodernisterna som en av modernismens stora myter. ''Hur skulle det se ut om man inte förträngde idén om kopian? Hur skulle det se ut om man gjorde ett verk som levde ut den diskurs som innefattar reproduktioner utan original...?'' frågar sig kritikern Rosalind E. Krauss 1981 i sin viktiga essä The originality of the Avant Garde: A Postmodernist Repetition.[19] ⑲ Som svar på frågan pekar hon på Sherrie Levines arbeten från samma tid, där Levine i strid med gällande copyrightlagar och hederskodex fotograferar av andra konstnärers – alla manliga – ''original'' och visar dem som sina egna. Genom att s a s placera sig själv framför det andra verkets yta, öppnar hon det bakifrån mot en kedja av kopior av kopior. Bortom en bild av en nakenstudie av Edward Weston, för att ta ett tidigt exempel, radar en oändlig räcka av porträtt av nakna ynglingar upp sig, långt in i arkaisk tid.

Genom sina avfotograferingar underminerar Sherrie Levine det unika konstobjektets status och därmed en av marknadens grundbultar. En liknande funktion får Allan McCollums Plaster Surrogates (Gipssurrogat): små tavlor, som likt hos en konstkonnässör på 1800-talet, myllrar på väggarna i hundratal. Ram — passepartout – bildyta; så långt skulle nog sagde konnässör varit nöjd med vad han såg. Men när han sedan skulle excellera med sin förmåga att urskilja det **unika** i de små tavlorna, skulle det nog bli värre. Visserligen varierar storlekarna och färgerna på ramarna något, men knappast på ett sätt som kan

under the stroboscope light of a discotheque—or as though hit by a murderer's bullets—are emblematic of the tendency toward the allegorical seen as characteristic of Postmodernism by Owens in two pioneer essays from 1980.[18] Are these figures dancing or dying? And, in later works of Longo's, are

LOUISE LAWLER:
Arrangement of Pictures. 1982
Bildarrangemang
Works by/*Arbeten av från vänster*
Cindy Sherman, James Welling,
Laurie Simmons, Jack Goldstein,
Robert Longo

they lovers or combatants, sleeping or dead? Equally plausible interpretations block each other irretrievably in what can ultimately be seen as allegories of the illegibility of sign systems.

Cindy Sherman's **Untitled Film Stills** (1977–80) point in a similar way to ideas of the self and of sexuality as social contructions, ideas notably expanded in the theories of the French psychoanalyst Jacques Lacan. Posing as her own model, Sherman "creates" dozens of characters, girls and women we seem to recognize from the casts of '50s movies (and from life?): the "career girl," the "vamp," the "innocent college cred", and so on.

Many of these artists use photography for their medium, as Sherman does. In gaining access to the cool, effective language that photographs have developed from their use in commercial contexts, the artists detach themselves from the "aura" of the hand-painted object. Photography can be seen as a congenial medium for a Postmodern practice in which originality seems not just a practical difficulty but a theoretical impossibility. Where is the original in a

uppfattas som signifikant. Allan McCollums <u>Plaster Surrogates</u> representerar en målnings grundläggande attribut – är tecken för målningar – men, i alla fall i vår konnässörs ögon, inte mycket mer. Han skulle knappast våga tänka på repetitionens (surrogaten produceras i gjutformar) fatala betydelse för honnörsbegrepp som originalitet och aura.

Den melankoli, eller rent av sorg, som dessa verk utstrålar (över kreativitetens krympande utrymme i en bildmättad värld?) blir än påtagligare i de massiva urnor, kallade <u>Perfect Vehicles</u> (Perfekta fortskaffnings- men också uttrycksmedel), som McCollum producerat de senaste åren. Särskilt i ljuset av den koppling den psykoanalytiska teorin gör mellan repetitionen, upprepningstvånget, och dödsdriften. <u>Perfect Vehicles</u> ser faktiskt ut som gravurnor; död på löpande band.

När jag vintern 82–83, skriver i Svenska Dagbladet[20] om Louise Lawlers <u>Arrangements of Pictures</u> i Metro Pictures, talar jag om hur hennes fokus vidgas "från en dekonstruktion av originalets idé till en undersökning av sammanhangets, kontextens inverkan på konstverket". I galleriets första rum visade hon "ett arrangemang" av arbeten av Robert Longo, Jack Goldstein, Laurie Simmons, James Welling och Cindy Sherman – konstnärer, som i sina verk själva mer eller mindre direkt arbetar med citat. Det kunde passerat som en vanlig grupputställning, om inte ett sjätte konstnärsnamn med stora bokstäver stått angivet vid entrén: Louise Lawler. Arrangemanget var ett konstverk i sig, som kunde köpas för det sammanlagda priset för de fem "delarna", plus tio procent till "konstnären" Louise Lawler. I det bakre rummet visade hon ett arrangemang av fotografier av andras arrangemang av andras konstverk. Arbeten där hon undersöker det ständigt föränderliga och obegränsat expanderbara nätverk av betydelser, som kontexten väver kring ett konstverk.

Louise Lawler samarbetar ofta med andra konstnärer. Inte sällan gör hon det öppet, med båda parter, bl a Allan McCollum och Sherrie Levine, som aktiva deltagare, men än oftare utan deras vetskap, på samma sätt som en intendent på ett museum, eller en privatperson hemma, gör när han eller hon hänger "sin" samling. Konstnären och kritikern Andrea Fraser menar t o m att "för Louise Lawler är konstnärlig produktion **alltid** en kollektiv strävan: Det är inte bara konstnärer som skapar estetiska betydelser och värden, utan ofta en anonym kontingent av samlare, betraktare, musei- och gallerianställda – och ytterst den kulturella apparat, som dragit upp riktlinjerna för deras roller."[21]

"You invest in the divinity of the masterpiece" står

photograph—in the "subject," in the light it reflects onto the film emulsion, perhaps in the negative? Or is the print the original—and if so, which is it of the infinite number of prints possible?

The very concepts of originality and original Postmodernists consider among Modernism's great myths. "What would it look like not to repress the concept of the copy? What would it look like to produce a work that acted out the discourse of reproductions without originals?" Krauss asks in her important 1981 essay "The Originality of the Avant-Garde: A Postmodernist Repetition."[19] To answer her question she points to Sherrie Levine's works from the same period, in which Levine, violating existing copyright laws and traditional codes of honor, photographs "original" photographs by other artists —all male—and exhibits them as her own. By placing herself, so to speak, before the surface of the other work, she opens it away from her toward a chain of copies of copies. Beyond a picture of a nude by Edward Weston, to take an early example, an infinite series of portraits of naked youths lines up, reaching well into ancient times.

By photographing photographs, Levine undermines the status of the unique work of art, and thus the very foundations of the art market. Allan McCollum's "Plaster Surrogates" assume a similar function. These are a series of small pictures, multiplying on the wall as in the collection of an 19th-century connoisseur. Frame, mat, picture surface; so far, our connoisseur would have been pleased with what he saw. But if he had wanted to distinguish what is **unique** in these small pictures, as connoisseurs specialize in doing, he would have been hard put to it. True, the sizes and colors of the frames vary, but hardly in any significant way. And the picture space itself is simply blank. McCollum's "Plaster Surrogates" represent the fundamental attributes of paintings —are the signs of paintings—but they are not much more, at any rate in the eyes of our connoisseur. He would hardly

dare to conceive of the fatal import that these serially produced plaster objects, made in molds, bear toward time-honored concepts such as originality and aura.

The sense of melancholy, even sorrow, that these works exude (borrow at the diminishing space left for creativity in a picture-saturated world?) is even stronger in the massive serially produced urns, called "Perfect Vehicles", that McCollum has produced in recent years. It is particularly palpable in the connection these works make between repetition, the compulsion toward self-repetition, and the death wish. The "Perfect Vehicles" actually look like funeral urns —assembly-line death.

In the winter of 1982–83, in an article for **Svenska Dagbladet**[20] on Louise Lawler's **Arrangements of Pictures** at Metro Pictures, I discussed how her focus had widened "from a deconstruction of the idea of the original to an investigation of the influence of the context on the artwork." In the first room of the gallery Lawler showed an "arrangement" of works by Longo, Jack Goldstein, Laurie Simmons, James Welling, and Sherman—all artists, who work more or less directly with quotation in their art. The exhibition might have passed for an ordinary group show had not a sixth name been mentioned in large letters at the entrance: Louise Lawler. Her arrangement was itself an artwork; it could be bought, for the sum of the prices of all its five "parts" plus ten percent for Lawler. In the back room Lawler showed an arrangement of photographs of other artists' works arranged by other people—collectors, settings of art in their homes, for example. Lawler was examining the ever changing and infinitely expansible network of meanings woven around an artwork by its context.

Lawler often collaborates with other artists, McCollum and Levine among them, as active participants in the work; more often she does so without their knowledge as museum curators, or private people in their homes

det skrivet i vitt på svarta remsor, som löper över en detaljbild av takmålningen i Sixtinska kapellet. Texternas budskap i Barbara Krugers effektiva textbildarbeten är riktade direkt till betraktaren, men också till världen i stort. Med pronomen som "you" eller "I/we" blir tilltalet i hennes bilder alltid både personligt och opersonligt – en sorts parodi på reklamens dubbla strävan att samtidigt vända sig till den enskilde och spela på dennes längtan efter att vara delaktig i ett större sammanhang.

I en s k lentikulär bild, i vilken man ser två olika bilder beroende på från vilken vinkel man tittar, kan man först se en närbild på en mikrochip ackompanjerad av texten "We are astonishingly life-like" och ögonblicket därefter "HELP! I'm locked inside this picture". Text och bild kolliderar, i stället för att som i reklamen, förstärka varandra. Genom att arbeta nära den kommersiella retoriken (Barbara Kruger formgav i flera år den amerikanska modetidskriften Mademoiselle), men sedan invertera den, synliggör hon den ideologiska kraft som ligger gömd i ordens och bildernas klichéer.

När "We won't play nature to your culture" skrivs över ett vilande kvinnohuvud, vars ögon har täckts av löv, kan det läsas som en reaktion på den stereotypa bilden av kvinnan – passiviserad och förpassad till "naturen" – till skillnad från mannen som står för kulturen. Män är aktiva, **ser**, kvinnor blir sedda...

Den feministiska aspekten i Barbara Krugers, liksom Louise Lawlers, Sherrie Levines, Cindy Shermans, Laurie Simmons och Dara Birnbaums m fl arbeten är central. Jag vill dock, med hänvisning till Kate Linkers katalogessä, vilken särskilt behandlar denna sida av postmodernismen, nöja mig med att peka på den kvinnliga dominansen i Pictures-generationen och på hur skild den postmoderna feminismen, med dess syn på sexualiteten som en språklig konstruktion, är från 60- och 70-talets biologiskt förankrade "Moder Jord-feminism", där kvinnans roll som just "natur" i stället betonas.

Att det under en period i början av 80-talet kunde se ut som om de radikala kritikerna och konstnärerna samarbetade har säkert flera förklaringar. Dels pågick – och pågår – faktiskt ett samtal mellan flera av kritikerna och konstnärerna (där alla inte heller drar en skarp gräns mellan kritik och konstnärlig verksamhet). Dels vaskade kritikerna inledningsvis fram de aspekter som de såg som **mest** brännande för kritiken av modernismen och formuleringen av postmodernismen (samma begränsning av blickfältet som jag gör mig skyldig till i denna introduktion). Så småningom var de grundläggande frågorna "avklarade" och analyserna kunde bli mer differentierade. Det var de

may hang "their" collections without discussing them with the maker. The artist and critic Andrea Fraser maintains that "for Lawler artistic production is **always** a collective endeavor: it isn't simply artists who produce esthetic signification and value, but an often anonymous contingent of collectors, viewers, museum and gallery workers —and ultimately the cultural apparatus in which these positions are delineated."[21] ㉑

"You invest in the divinity of the masterpiece." So says a message in white letters on black strips that run across a detail of the ceiling mural in the Sixtine Chapel. The writing in Barbara Kruger's effective text—and —picture works addresses the viewer directly, and also the world at large. By using the pronouns "you" and "I", or—"we," Kruger makes her pictures address the viewer in a way both personal and impersonal—a kind of parody of the double attempt of advertising agencies to address the individual alone and to exploit his or her wish to be a part of some larger context.

Kruger has also produced lenticular works, those pictures that offer two different images depending on the angle at which the viewer looks at them. In one of these you first see a close-up of a microchip accompanied by the words "We are astonishingly life-like." Shifting your position, you see the words "HELP! I'm locked inside this picture." Instead of supporting each other, as in an ad, the words and the picture collide. By taking cues from the rethoric of commerce (for several years, Kruger was a designer for the American fashion magazine **Mademoiselle**) but inverting it, the artist renders visible the ideological force hidden in the clichés of its language and images. "We won't play nature to your culture" is written across the face of a reclining woman whose eyes are hidden by leaves; this may be seen as a comment on the stereotype of women—as made passive, and relegated to creatures of "nature," where men supposedly stand for culture. Men are ac-

tive, men see, women are seen...

The feminist aspect of Kruger's works is central, as it is in the work of Lawler, Levine, Sherman, Laurie Simmons, and Dara Birnbaum, among others. Here I refer the reader to Kate Linker's catalogue essay, which specifically discusses this aspect of Postmodernism, contenting myself by pointing to the strong female presence in the "pictures generation," and by emphasizing how distinct Postmodern feminism, with its view of sexuality as a linguistic construct, is from the biologically based "Mother Earth" feminism of the '60s and '70s, which uncritically focused attention on women's role as "nature."

There are probably several reasons why at one point in the early '80s it seemed that radical critics and artists were actually in collaboration. For one thing, a dialogue was conducted—is still being conducted—between a number of critics and artists, no clear border line being drawn between their respective domains. In addition, among all the different aspects of the works, the critics initially gave prominence to those that they thought most relevant to the critique of Modernism and the formulation of Postmodernism. (In this introduction I am of necessity guilty of the same limitation of the focus.) Today, the basic issues have been "dealt with" and the analyses are becoming more differentiated. They have had to—the artists are making sure of that, if no one else would.

Levine, for example, has begun to paint. Unlike her photographs, her "abstract" paintings are not copies of other artists' works; these stripes and squares are reminiscent of the general quality of abstract painting during the '60s, yet subtle displacements indicate that they are not paintings from the '60s. The "Large Knots" in which the artificial knots in plywood boards are painted in gold, create a similar relationship to Max Ernst's "natural history," for example. Levine's paintings are no longer copies but **simulations** executed by means of a

också så illa tvungna att bli, det såg om inte annat konstnärerna till i sin fortsatta verksamhet.

Sherrie Levine börjar parallellt med arbetet med foto att **måla**. Hennes "abstrakta" målningar är inte direkta kopior av andra konstnärers verk. Målningarna med ränder och rutor påminner om ett allmänt abstrakt 60-talsmåleri – samtidigt som subtila förskjutningar visar att de inte hör dit. Large knots-målningarna, där de konstgjorda kvistarna i en plywoodskiva målats med guldfärg, upprättar ett likartat förhållande till exempelvis Max Ernsts "naturhistoria". Levines målningar är inte längre kopior, utan **simuleringar** utifrån en given uppsättning koder. En väg som kräver ett helt annat uppgående i själva processen än kopieringen – den som simulerar en sjukdom framställer också dess symptom. Frågor om sant och falskt, äkta och oäkta blir omöjliga att besvara.

Man kan under de senaste åren, efter undersökningarna av avbildningens förutsättningar, se ett tilltagande intresse för abstraktionens problem. Vilket är dess "ämne", dess förhållande till "verkligheten", vilken mytologi omger abstraktionen? James Welling har sedan lång tid synts vara upptagen av dessa frågor. Dock inte med måleriet, utan symptomatiskt nog till alldeles nyligen med fotografiet, "verklighetens förlängda arm", som redskap. I sina närgångna bilder av t ex tillknycklad aluminium visar Welling som kritikern Abigail Solomon-Godeau formulerat det, att "fotografiet bara är meningsbärande in potentia; betydelserna fyller inte bilden som vattnet fyller ett glas, utan finns snarare i betraktarens kunskap och tolkande verksamhet".[22] Aluminiumet har setts som alp- ㉒ landskap, vulkanutbrott och förtorkad jord – och som emblem för den fotografiska processen; för den ljusets närvaro och frånvaro med vilken fotografiet upprättar kontakt med "världen". "Abstraktionens" frågor liknar onekligen "avbildningens"...

När Cindy Sherman lämnar sina svart-vita Untitled Film Stills och deras lilla "pressbilds"-format, till förmån för allt större färgfotografier, tycks hon också, åtminstone vid en hastig titt, lämna filmens retoriska strukturer bakom sig. I hennes senare bilder är det snarare en allt gräsligare, men också nästan perverst fascinerande, sagans värld hon iscensätter. Betraktaren kommer in mitt i en berättelse lika plötsligt som tidigare. Men dessa nya "utsnitts" betydelser är dunklare och mer motsägelsefulla. Deras koder är inte lika säkert förankrade som 50-talsfilmens eller 1800-talets salongsmåleris (som ju bygger på samma berättarteknik). Händelserna tycks utspela sig (eller just ha utspelat sig) i en ogripbar historisk tid – samtidigt som ljuset och de artificiellt glödande färgerna med para-

given set of codes. The method requires an involvement with the process of production entirely different from that of copying alone; someone who simulates a disease also enacts its symptoms. Questions of what is true and false, genuine and not genuine, become impossible to answer.

In recent years, after all these investigations of the conditions of reproduction, there has been a growing interest in the problems of abstraction. What is its "subject," its relationship to "reality"; what mythology informs it? James Welling has been occupied with questions such as these for a long time, though symptomatically his medium has not been painting but, until quite recently, photography, "the prolonged arm of reality." In his detailed pictures of, for example, crumpled aluminum, Welling shows, in the words of the critic Abigail Solomon-Godeau, that "the photograph possesses meaning only **in potentia**; meaning does not fill the image like water in a glass but rather resides in the knowing and decoding activity of the viewer."[22] The aluminum has been seen as an alpine landscape, as a volcanic eruption, as parched earth—and as an emblem of the photographic process, of the presence and absence of light through which photography establishes contact with "the world." Where the questions of abstraction may actually look like those of representation.

When Sherman abandoned her black-and-white "Untitled Film Stills" and their small news-picture format in favour of increasingly larger color photographs, she seemed also, at least at first, to be abandoning the rhetorical structures of cinema. Her later pictures stage a fairy-tale world that is growing ghastlier and ghastlier but also almost perversely fascinating. As unexpectedly as in the early work, the viewer enters a story, but the meaning of these new "segments" is more obscure and more contradictory. Their codes are not as firmly established as those of a '50s film or a 19th-century salon paint-

ing, which after all are based on the same narrative technique. The events seem to take place (or to have just taken place) in an elusive historical period, but at the same time, with paradoxical consistency, the light, and the artificially glowing colors, place them in the synthetic world of the neutron bomb and the movies of the '80s.

The word "synthetic" also seems to describe the world toured by Laurie Simmons's dolls. Do the Parthenon, the Eiffel Tower, and the Great Wall of China, really exist? Or are they mass media projections that we just can't avoid? Simmons's Cibachrome pictures, with their supersaturated colors and distanced, voluptuous surfaces, have been mounted flat against the wall in this exhibition, as though they were windows giving on to a world outside—a phallic world simulated according to masculine codes, in which woman is a tourist cast in the mold of the mass media.

In Simmons's series "Actual Photos", a collaboration with Allan McCollum, the dolls are given a somewhat different role from their usual one in her works. These pictures are portraits, taken through a microscope, of the small figures, only a couple of millimeters tall, that inhabit the platforms of model railway stations. In these tragical counterfeits, one's notions are stood on their heads: "exact reproduction" is shown to be a hopelessly relative idea, and scientific precision becomes sheer expressionism.

In an article I wrote a couple of years ago I referred to Longo as "the Francis Ford Coppola of art." What I had in mind was the monumental mass-media constructions that followed the "Men in the Cities" series. Coppola's films are genuine Hollywood products, but more than that: without being academic, they are metamovies; they are grandiose and at the same time philosophically sharp—and they are extremely American. Evocative of Hollywood, monumental, expensive, and in an abstract way **fast**, Longo's works embody the qual-

doxal konsekvens placerar dem i neutronbombernas och 80-talsfilmens syntetiska värld.

Syntetisk tycks onekligen också den värld där Laurie Simmons dockor turistar. Finns verkligen Parthenon, Eiffeltornet och Kinesiska muren? Eller är de massmediala projektioner, som vi bara inte kan komma undan? Laurie Simmons cibachromebilder, med sina övermättade färger och distanserat vällustiga ytor, är i utställningen monterade platt mot väggen, som om de vore fönster mot en värld. En fallisk värld, simulerad enligt männens koder, där kvinnan är en turist som gjutits i massmediernas form.

I serien <u>Actual Photos</u>, där Laurie Simmons har samarbetat med Allan McCollum, får dockorna en annan roll än vad som är vanligt i hennes arbeten. Bilderna är porträtt, tagna genom ett mikroskop, av de bara ett par millimeter långa figurer, som brukar befolka perrongerna i de minsta modelljärnvägarna. I dessa tragikomiska konterfej vänds begreppen uppochned: "den exakta avbildningen" avslöjas som ett ohjälpligt relativt begrepp, den vetenskapliga precisionen framstår som rena expressionismen!

I en artikel för ett par år sedan skrev jag om Robert Longo som en "konstens Francis Ford Coppola". Det var apropå de monumentala multimediakonstruktioner, som följde på serien <u>Men in the Cities</u>. Coppolas filmer är äkta hollywoodprodukter, men också något mer: de är meta-filmer utan att vara akademiska, de är storslagna och samtidigt filosofiskt skarpa – och de är sanslöst amerikanska. Hollywoodiserade, monumentala, kostsamma och på något abstrakt sätt **snabba**, förkroppsligar Longos verk Coppolas kvalitéer, samtidigt som de med än större framgång på ett märkligt sätt lyckas upprätta ett kritiskt, radikalt perspektiv i simuleringens perspektivlösa rymd. De malande, komprimerande valsarna som tagit överkroppens plats hos figuren i <u>Body of a Comic</u>, (1984) eller den monstruösa, fastvuxna munderingen hos den science fiction-wagnerska Rambo-primadonnan i <u>All you Zombies</u> (Truth before God) (1986) tycks som ett bedövande vittnesbörd om implosiva mutationer. Detta samtidigt som ett verk likt <u>Samurai Overdrive</u> från samma år, där en samurajkrigare tar upp kampen med ett flöde av binär datorskrift, kan fungera som ett memento om att rustningsspiralen inte styrs av naturlagar utan av människor: De japanska samurajerna tvingade fram ett förbud mot skjutvapen, som stod sig i nästan ett sekel!

Att likna Robert Longo vid en filmregissör är inte särskilt långsökt. Han arbetar faktiskt, parallellt med sina bildobjekt och teater/performance projekt med film och rockvideos. Men dessutom tvingas han, i den ofta ytterst komplicerade produktionen av sina multi-

ities associated with Coppola at the same time that they manage, even more successfully, to view the perspectiveless space of simulation from a radical, critical perspective. The grinding, compressing rolls that replace the upper body of the figure in **Body of a Comic** (1984), and the monstrous glued-together equipment of the Wagnerian, Rambo-like science fiction prima donna of **All You Zombies (Truth before God)** (1986), seem to bear stunning witness to implosive mutations. At the same time, a work such as **Samurai Overdrive**, also from 1986, in which a samurai warrior engages with a flow of binary computer writing, manages to serve as a memento that the spiraling arms race is governed not by nature but by men: the Japanese samurais imposed a ban on firearms that lasted for close to a century. The comparison of Longo to a film director is not farfetched; he actually works with rock videos and film concurrently with his picture objects and theater or performance projects. Furthermore, because of the often extremely complex production procedure involved in his multimedia constructions, he must delegate important details to specialists in a way reminiscent of the division of labor in the film industry.

Longo's works are at least as much part of the imploding world of the postindustrial information society as a reaction against it; it is becoming increasingly difficult to distinguish between love and hatred of that world. This way of working in the lion's den, so to speak, is one that video artists have adopted more than others, and the pioneer in this field is no doubt Nam June Paik, who even in the '60s foresaw that television would change our notion of reality to the same extent that photography once did. Dara Birnbaum's starting point in works like **Technology/ Transformation: Wonder Woman** (1978) and **PM Magazine** (1982), inspired by Paik among others, is TV fare such as soap operas and sports programs. Through a sophisticated use of repeti-

tive editing, tape loops, and a subversive separation of sound and image, which are usually twins, she deconstructs the technical and rhetorical conventions of television and, in a very seductive way, makes visible their ideological foundations.

The title of Gretchen Bender's last video performance, **Dumping Core** (1984–85), is "computerese" for what happens when a computor's overloaded digital memory must dispose of information to make space for new data. This digital refuse dump, in which information is packed increasingly thickly as times goes on, may be seen as a metaphor for the imploding media mass of postindustrial society. It is this mass with which Bender works. In **Total Recall** (1987) it seems to assume a life of its own; the 24 television monitors form a pulsating electronic body, its skin the abstract pattern of movement of its pictures, its skeleton their hidden ideology. Bender's electronic theater seduces and fascinates in its neutral energy. However, one's fascination turns to dismay as one sees the picture into which her layers of information cohere, a picture, presented with the precision of a surgeon: the "man in the street" of TV ads and the abstract, monumental computer graphics of the large corporations suddenly seem to be two aspects of the same thing.

Can we shape ourselves up, brush off our nostalgia for the past, make a few elegantly syncopated dance steps, look out into the universe of digital codes, and sing along with David Bowie, "The vacuum created the arrival of freedom"?

Lars Nittve

mediakonstruktioner, att delegera viktiga moment till specialister, på ett sätt som minner en hel del om arbetsfördelningen inom filmindustrin.

Robert Longos verk är minst lika mycket en del av, som en reaktion mot, det postindustriella informationssamhällets imploderande värld. Kärleken och hatet tycks allt svårare att skilja från varandra. Detta sätt att verka, s a s mitt i lejonets kula, har kanske mer än några andra de konstnärer som arbetar med video anammat. Pionjären på detta område är utan tvekan Nam June Paik, som redan på 60-talet förutsåg att televisionen skulle förändra vår verklighetsbild, i samma grad som fotografiet en gång gjorde.

Dara Birnbaum utgår, inspirerad av bl a Paik, i arbeten som Technology/Transformation: Wonder Woman (1978) och PM Magazine (1982) från bandat TV-material som tvåloperor och sportprogram. Genom ett sofistikerat bruk av repetitiv klippteknik, loopar och en subversiv separation av det konventionella tvillingparet ljus och bild, dekonstruerar hon televisionens tekniska och retoriska konventioner och synliggör – på ett oerhört förföriskt sätt – deras ideologiska fundament.

Titeln på Gretchen Benders förra videoföreställning, Dumping Core (1984–85), är dataslang för det som händer när ett överfyllt digitalt minne måste göra sig av med information för att bereda plats för nya data. Denna digitala soptipp, där informationen med tiden packas tätare och tätare, kan ses som en metafor för det postindustriella samhällets imploderande mediamassa. Det är denna massa som Gretchen Bender bearbetar. I Total Recall (1987) tycks den få ett närmast eget liv; de 24 monitorerna bildar en pulserande elektronisk kropp, vars hud är bildernas abstrakta rörelsemönster och vars skelett är deras dolda ideologi.

Gretchen Benders elektroniska teater förför och fascinerar med sin neutrala energi. Men fascinationen förbyts i förskräckelse när vi ser den bild som hennes, med kirurgisk precision utlagda, informationslager sammantaget bildar: TV-reklamens "vanliga människor" och storföretagens abstrakta, monumentala datorgrafik tycks plötsligt som två sidor av samma sak . . .

Kan vi ruska på oss, borsta av oss den arkaiska nostalgin, ta några elegant synkoperade danssteg, blicka ut i de digitala kodernas universum och med David Bowie sjunga: "The vacuum created the arrival of freedom"?

Lars Nittve

NOTES

1 Jean-François Lyotard, La condition postmoderne. Rapport sur le savoir, Paris, 1979.

2 See, for example, Jean Baudrillard, L'échange symbolique et la mort, Paris 1976. For an excellent introduction to Baudrillard's flow of theories, see Kate Linker's "From Imitation to the Copy to Just Effect: On Reading Jean Baudrillard", Artforum, April 1984.

3 Sylvere Lotringer and Jean Baudrillard, "Forget Baudrillard", in Jean Baudrillard, Forget Foucault, New York, 1987, pp. 129, 133.

4 Levine is paraphrasing Barthes' La mort de l'auteur Mantéia V, 1968. English translation: "The Death of the Author," in Image, Music, Text, New York, 1977.

5 The catalogue of documenta 7, vol. 1, Kassel, 1982, p. 328.

6 In this connection, Gotthold Lessing's Laocoön, oder ueber die Grenzen der Malerei und Poesie, Berlin, 1766, has played a decisive role. English translation: Laokoön, New York, 1957.

7 Another such is, for example, the French writer Raymond Roussel, so important to Duchamp. However, it should be added that these figures are "postmodernists avant la lettre" only if the "Postmodernism" is taken in its current sense. As appears from the survey further back in the catalogue, the word "Postmodern" has been used in different ways for well over 100 years now.

8 Rosalind E. Krauss, Passages in Modern Sculpture, Cambridge, Mass., 1981, p. 80.

9 Leo Steinberg, Other Criteria, New York, 1972. The essay is based on a talk Steinberg gave at the Museum of Modern Art, New York.

10 It is largely due to Craig Owens that the allegorical character of Postmodernism has been clarified. In numbers 12 and 13 (Spring and Summer 1980 respectively) of October, he published a two-part essay entitled "The Allegorical Theory of Postmodernism." Reprinted in Brian Wallis, ed., Art After Modernism: Rethinking Representation, New York and Boston, 1984. "Allos", "other"; "agoreúein" "speak": the very etymology of allegory contradicts Modernism's celebration of the original and unmediated. The allegorist does not create images but confiscates them. He or she does not try to restore an original sense through hermeneutics. The allegorical meaning replaces an earlier one, it is an addition: in the hands of the allegorist, the image becomes something állos.

11 Walter Benjamin, Ursprung des deutschen Trauerspiels, Berlin, 1928. English translation: The Origin of German Tragic Drama, London, 1977, p. 175.

12 Michael Fried, "Art and Objecthood," Artforum, June 1967. Reprinted in Gregory Battcock, ed., Minimal Art, New York, 1968.

13 Mario Perniola, La società dei simulacri, Rome, 1980.

14 Joseph Kosuth. "Art After Philosophy I & II," Studio International, October and November 1969. Reprinted in Gregory Battcock, ed., Idea Art, New York, 1973, p. 84.

15 Daniel Buren, "Standpoints", 1970, in Five Texts, New York, 1973 p. 38.

16 Bruce Ferguson and Jeffrey Spaulding, "Gerhard Richter (interview), Parachute, Fall 1970, p. 32.

17 Douglas Crimp, Pictures, Artists Space, New York, 1977.

18 See note 10.

19 October 18, 1981.

20 Lars Nittve, "New York Avantgardekonsten ser bakåt," Svenska Dagbladet, January 22, 1983. This article also deals with Cindy Sherman and Sherrie Levine.

21 Andrea Fraser, "In and Out of Place," Art in America, June 1985, p. 122.

22 Abigail Solomon-Godeau, "Playing in the Fields of the Image", Afterimage, Summer 1982, p. 10.

NOTER

1 Jean François Lyotard: La Condition postmoderne, Rapport sur le savoir, Paris 1979. Dansk översättning: Viden og det postmoderne samfund, Århus 1982.

2 Se t.ex. Jean Baudrillard: L'échange symbolique et la mort, Paris 1976. För en introduktion till Baudrillards flöde av teorier rekommenderas Kate Linkers utmärkta From Imitation to the Copy to just Effect: On Reading Jean Baudrillard, i Artforum, april 1984, samt Stig Brøgger m.fl. (red.) Implosion og förförelse, Köpenhamn 1984.

3 Sylvere Lotringer & Jean Baudrillard: Forget Baudrillard, i Jean Baudrillard: Forget Foucault, New York 1987, s. 129f, 133.

4 La mort de l'auteur, Mantéia V, 1968, Engelsk översättning The Death of the Author i Image, Music, Text, New York 1977.

5 Katalogen till documenta 7, band 1, Kassel 1982, s. 328.

6 I detta sammanhang har Gotthold Lessings skrift Laokoön, oder über die Grenzen der Malerei und Poesie, Berlin 1766, spelat en avgörande roll. Engelsk översättning: Laokoön, New York 1957.

7 Som en sådan kan man också exempelvis betrakta den för Duchamp så viktige franske författaren Raymond Roussel. Det bör dock sägas att de bara är "postmodernister avant la lettre" i den mening ordet har i dag. Som framgår av sammanställningen längre bak i katalogen har det ju med olika betydelser, varit i svang i en bra bit mer än 100 år.

8 Rosalind E. Krauss: Passages in Modern Sculpture, Cambridge, Mass., 1981, s. 80.

9 Leo Steinberg: Other Criteria, New York 1972. Essän är baserad på ett föredrag Steinberg höll på Museum of Modern Art i New York 1968.

10 Det är till stor del Craig Owens förtjänst att postmodernismens allegoriska karaktär blivit frilagd. I nr 12 och 13 (våren respektive sommaren 1980) av tidskriften October, publicerar han en essä i två delar med titeln The Allegorical Impulse: Toward a Theory of Postmodernism. Omtryckt i Brain Wallis (red.) Art After Modernism: Rethinking Representation, New York och Boston 1984.
Allos = annat, agoreuei = att tala: redan i sin etymologi svär allegorin mot modernismens hyllande av det ursprungliga och oförmedlade. Allegorikern skapar inte bilder, han konfiskerar dem. Han söker inte att med hermeneutikens hjälp återupprätta en ursprunglig betydelse. Den allegoriska meningen ersätter en tidigare, den är ett tillägg; i allegorikerns hand blir bilden något allos.

11 Walter Benjamin: Ursprung des deutschen Trauerspiels, Berlin 1928. Engelsk översättning: The Origin of German Tragic Drama, London 1977, s. 175.

12 Michael Fried: Art and Objecthood, Artforum, juni 1967. Omtryckt i Gregory Battcock (red.): Minimal Art, New York 1968.

13 Mario Perniola: La società dei simulacri, Rom 1980. Dansk översättning: Blændværker, Århus 1982, s. 44.

14 Joseph Kosuth: Art After Philosophy I & II, Studio International, oktober och november 1969. Omtryckt i Gregory Battcock (red.) Idea Art, New York 1973, s. 84.

15 Daniel Buren: Standpoints (1970) i Five Texts, New York 1973, s. 38.

16 Bruce Ferguson & Jeffrey Spaulding: Gerhard Richter, (intervju), Parachute, hösten 1979, s. 32.

17 Douglas Crimp: Pictures, Artists Space, New York 1977.

18 Se not 10.

19 October 18, 1981.

20 Lars Nittve: New York – Avantgardekonsten ser bakåt, Svenska Dagbladet, 1983-01-22, en artikel som också behandlar Cindy Sherman och Sherrie Levine.

21 Andrea Fraser: In and Out of Place, Art in America, juni 1985, s. 122.

22 Abigail Solomon-Godeau: Playing in the Fields of the Image, Afterimage, sommaren 1982, s. 10.

Gretchen **BENDER**

Dara **BIRNBAUM**

Marcel **BROODTHAERS**

Daniel **BUREN**

Marcel **DUCHAMP**

Jasper **JOHNS**

Donald **JUDD**

Joseph **KOSUTH**

Barbara **KRUGER**

Louise **LAWLER**

Sherrie **LEVINE**

Robert **LONGO**

Allan **McCOLLUM**

Gerhard **MERZ**

Robert **MORRIS**

Reinhard **MUCHA**

Nam June **PAIK**

Blinky **PALERMO**

Giulio **PAOLINI**

Francis **PICABIA**

Sigmar **POLKE**

Robert **RAUSCHENBERG**

Gerhard **RICHTER**

James **ROSENQUIST**

Cindy **SHERMAN**

Laurie **SIMMONS**

Andy **WARHOL**

James **WELLING**

Gretchen BENDER

We run interference patterns in order to
perceive structures;
in order to transcend them; in order to
explore fascisms.

Född 1951 i Seaford, Delaware. Bosatt i New York
Born 1951 in Seaford, Delware. Lives in New York

ALLMÄN BESKRIVNING AV VIDEOVERK:

De videoverk jag färdigställde mellan 1978 och 1982 var försök att bromsa "teknologisk fart" för att "hålla kvar" ögonblick av TV-tid för tittaren. Jag ville ge tittaren möjlighet att närmare undersöka och kritiskt ifrågasätta TV-mediet. Vart och ett av dessa tidiga verk var sammansatt av "TV-fragment" (som *Wonder Woman, Kojak* och *Hollywood Squares*) som jag strukturerade genom att rekonstruera televisionens vedertagna former – nya "ready-mades" för sent 1900-tal. Till dessa bilder, lösryckta ur sina berättelseflöden, lades sedan nya musiktexter (ljudband). Min önskan var att tittaren skulle fångas in i ett förändringens limbo, där hon/han skulle kunna störta ner i själva upplevelsen av TV. Det var viktigt för mig att bevisa möjligheten av att styra ett medium som i sig självt var så styrande. Jag ville undersöka möjligheten att ge mediet "svar på tal".

Vid 1980-talets början gjorde det växande videodistributionsnätet att det blev alltmer frestande att arbeta med och inom detta medium. Där verkade finnas en helt ny karta med "öppningar" till en publik som tidigare inte kartlagts inom det begrepp vi givit benämningen "konstpublik". En ny parameter för mitt arbete framträdde: Kunde denna nya möjlighet att nå ut tillåta en kritisk utgångspunkt och ett nytt perspektiv, som skulle utmana den dominerande formen? Således, med serien *Damnation of Faust* påbörjad 1983, ändrade jag min strategi från "återanvändning" (av bildsekvenser tagna ur TV-program) till att samla filmavsnitt från gatorna, dokument från gatulivet. Med andra ord, jag började ge mig in i produktionen.

Jag ville undersöka hur jag kunde göra bruk av dubbelkopierings- och split-screen-effekten och andra tekniska grepp som den nyare teknologin erbjöd, men som den tycktes använda endast för att "kittla" sin publik. Jag ville bryta den traditionella filmens och televisionens koder och formgrepp och tvinga tittaren in i ett nytt perspektiv, för att utifrån detta se det material jag hade samlat. I *Damnation of Faust* genomgår materialet samma minutiösa undersökning som det TV-sända materialet i de tidigare verken. Återigen ville jag öppna kompositionen och avslöja dess gömda dagordning. Detta skulle visa sig riktigt vare sig bildsekvensen är tagen från det inledande fotot av en nästan bortglömd stjärna i *Hollywood Squares (Kiss The Girls: Make Them Cry)* 1979, eller visar en tonåring på New Yorks gator (*Damnation of Faust: Evocation*) 1983. Återkommande i båda "rollerna" är de olika slags hämningar som vårt nutida teknologiska samhälle tvingar på oss, och nästan kväver oss med, påtryckningar som tvingar människan att öppet tillkännage, genom att kommunicera med enkla gester, sin egen identitet. Dessa "gester" och "utseenden" delvis skapade och förstärkta av massmedia, gör det nödvändigt att vi behåller förmågan att skärskåda dessa projicerade bilder och framställningar som omger oss. Denna nödvändighet blir för var dag av allt större betydelse i en värld som är fången i sin teknologi – till synes rationell men som samtidigt ger upphov till sin irrationella baksida. Jag betraktar alla de verk jag färdigställde från 1978 till 1987 som "förändrade tillstånd" som gör tittaren kapabel att ånyo pröva dessa "utseenden", ytligt sett så banala att till och med den övernaturliga förvandlingen av en sekreterare till "Wonder Woman" reduceras till en bländande explosion av ljus och ett barns rytmiska lekar till en vridning på kroppen, inpassade i den surmulna fientligheten i det torrfoder som är vår genomsnittliga televisionsdiet.

Översättning: Tua Waern

2. Damnation of Faust: Evocation. 1984
Fausts Fördömelse: Erinran
Installation Whitney Museum of American Art,
New York 1985

Marcel BROODTHAERS

This museum is a fiction. Sometimes it adopts the form of a political parody on art, sometimes that of an artistic parody of political events. Otherwise, the official museums and institutions behave in exactly the same way as 'documenta' – does the difference lie in the circumstance that a fiction makes it possible to capture not only the reality, but at the same time also that which this reality conceals? This museum, founded in 1969 under the pressure of contemporary political insights, closed its doors during 'documenta 5' in Kassel. It has subsequently, I think, exchanged the guidelines for an heroic and unique phenomenon for those applicable to an almost official development. It is therefore only logical that it should now be rusting away in boredom. This, of course, is a romantic view, but what can I do about that? Whether we're speaking of St. John the Divine or Walt Disney, the symbol of the eagle is particularly pregnant in the case of the written word. Anyway, I am writing these lines because I regard the romantic attitude as a longing home to God.

Translation: Keith Bradfield

Född 1924 i Bryssel. Död 1976 i Köln
Born 1924 in Brussels. Died in Cologne, 1976

Museet/Galleriet, genom att det inte tas i beaktande, är ramen, vanan, spindelnätet där till i dag alla "yttranden" (meddelanden) snärjts in – yttranden man försökt sig på medan man glömt att Museet/Galleriet är det oundvikliga "underlag" på vilket konsthistorien är "målad".

(Daniel Buren: Standpoints, 1970, *Five Texts*, New York 1973)

Översättning: Tua Waern

5. Cabane éclatée. No. 9. 1985 *Uppbrutet rum*
Installation Moderna Museet 1985 (tillsammans med/with Henryk Staźewski)

Pierre Cabanne: One can get the impression that every time you have reached a certain position, you ironically or sarcastically belittle it.

Marcel DUCHAMP

Marcel Duchamp: I always do that. I don't believe in any position.

PC: So what do you believe in?

MD: Nothing—of course! The word "belief" is another horror. It's like the word "they", these are two mad concepts on which the world is founded. I hope it's not the same on the moon.

PC: But at least you believe in yourself?

MD: No.

PC: Not even that...

MD: I don't believe in the word "existence". The idea of an existence is a human invention.

PC: You like words a great deal?

MD: Oh yes, poetic words.

PC: Surely existence is a poetic word.

MD: No, not at all. It's a sort of necessary, imagined concept which has no counterpart in reality—and in which I do not believe—even if people in general believe in it with an iron conviction.

(Pierre Cabanne; *Dialogue with Duchamp*, Lund 1977, pp. 124–125)

Translation: Keith Bradfield

Född 1887 i Blainville-Crevon, Frankrike. Död 1968 i Paris

Born 1887 in Blainville-Crevon, France. Died in Paris, 1968

Pierre Cabanne:	Man kan få intrycket att ni varje gång ni nått en viss position – förringar den ironiskt eller sarkastiskt.
Marcel Duchamp:	Det gör jag alltid. Jag tror inte på någon position.
PC:	Vad tror ni på då?
MD:	Ingenting – naturligtvis! Ordet "tro" är ett annat skräckexempel. Det liknar ordet "dom", det är två vansinniga begrepp på vilka världen är grundad. Jag hoppas att det inte är likadant på månen!
PC:	Men ni tror åtminstone på er själv?
MD:	Nej.
PC:	Inte ens det.
MD:	Jag tror inte på ordet "tillvaro". Idén om en tillvaro är en mänsklig uppfinning.
PC:	Ni gillar ord väldigt mycket?
MD:	O ja, poetiska ord.
PC:	"Tillvaro" är väl ett poetiskt ord.
MD:	Nej inte alls. Det är en slags nödvändig, inbillad föreställning som inte existerar i verkligheten – och som jag inte tror på – även om folk i allmänhet tror järnhårt på den.

(Pierre Cabanne: *Dialog med Duchamp*, Lund 1977, s. 124–125)

Gretchen BENDER

Dara BIRNBAUM

Marcel BROODTHAERS

Daniel BUREN

Marcel DUCHAMP

Jasper JOHNS

Donald JUDD

Joseph KOSUTH

Barbara KRUGER

Louise LAWLER

Sherrie LEVINE

Robert LONGO

Allan McCOLLUM

Gerhard MERZ

Robert MORRIS

Reinhard MUCHA

Nam June PAIK

Blinky PALERMO

Giulio PAOLINI

Francis PICABIA

Sigmar POLKE

Robert RAUSCHENBERG

Gerhard RICHTER

James ROSENQUIST

Cindy SHERMAN

Laurie SIMMONS

Andy WARHOL

James WELLING

8. 3 Stoppages étalon. 1914–15
3 standardstoppar

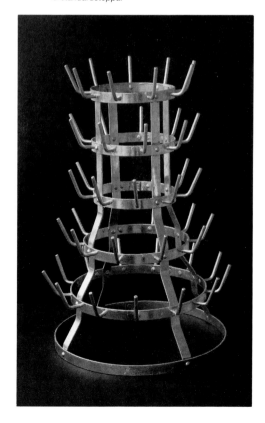

7. Porte-bouteilles. 1914
Flasktorkaren

From the left/Från vänster:

11. ...pliant de voyage... 1917
...viks på resa...

13. Air de Paris. 1919
Pariserluft

12. Fontaine. 1917
Fontän

16. La mariée mise à nu par ses
célibataires, même. 1915–23
*Bruden avklädd av
sina ungkarlar, t.o.m.*

15. Why not sneeze? 1921
Hur skulle det vara att nysa?

...I have attempted to develop my thinking in such a way that the work I've done is not me— not to confuse my feelings with what I produced. I didn't want my work to be an exposure of my feelings. Abstract Expressionism was so lively—personal identity and painting were more or less the same, and I tried to operate the same way. But I found I coudn't do anything that would be identical with my feelings. So I worked in such a way that I could say that it's not me...

(Vivianne Raynor: Jasper Johns, *Art News*, March 1973)

Jasper JOHNS

Född 1930 i Augusta, Georgia. Bosatt i New York och St. Martin's, Franska Västindien

Born 1930 in Augusta, Georgia. Lives in New York and St. Martin's, French West Indies

Judd: Kvaliteterna i europeisk konst hitintills... är otaliga och komplexa, men i huvudsak kan man säga att de är förbundna med en filosofi – rationalism, rationalistisk filosofi.

Glaser: Descartes?

Judd: Ja.

Glaser: Och du vill alltså säga att dina verk är helt oberoende av rationalismen?

Judd: Ja. All konst av det slaget är baserad på redan upprättade system, *a priori*-system; de uttrycker ett visst tankesätt och en viss logik, som i dag är ganska misstrodd som ett sätt att ta reda på vad världen egentligen är.

(Bruce Glaser: Questions to Stella and Judd, *Art News*, september 1966)

Översättning: Tua Waern

Gretchen BENDER

Dara BIRNBAUM

Marcel BROODTHAERS

Daniel BUREN

Marcel DUCHAMP

Jasper JOHNS

Donald JUDD

Joseph KOSUTH

Barbara KRUGER

Louise LAWLER

Sherrie LEVINE

Robert LONGO

Allan McCOLLUM

Gerhard MERZ

Robert MORRIS

Reinhard MUCHA

Nam June PAIK

Blinky PALERMO

Giulio PAOLINI

Francis PICABIA

Sigmar POLKE

Robert RAUSCHENBERG

Gerhard RICHTER

James ROSENQUIST

Cindy SHERMAN

Laurie SIMMONS

Andy WARHOL

James WELLING

32. Untitled. 1965 *Utan titel*

33. Untitled. 1970 *Utan titel*

"QUA-QUA-QUA"

*"Modernismen började i
eller omkring december 1910."*
-Virginia Woolf

*"Moderniteten förtröstar sig på
att ha sitt ursprung i nuets kraft,
men finner att då den skiljer sig
från det förflutna har den
samtidigt skiljt sig från nuet."*
-Paul de Man

Joseph KOSUTH

Det var någon gång under året 1971 som jag funderade över min utställning på Castelli Gallery, då beläget på 77th Street. Det var min andra utställning, den första var två år tidigare då jag var 24 år. Jag var, precis som första gången, både smickrad och förväntansfull, men också störd av själva utställningssammanhanget och jag kunde inte reda ut varför. Castellis var det galleri som jag respekterade mest i världen; den konst jag hade lärt mig mest av hade jag sett där... galleriet var för mig historien själv och man kunde *gå omkring* i det. Men nu, när jag skulle ställa ut där och hade ett personligt förhållande till lokalen, började jag tänka över vad mina tidigare erfarenheter hade för betydelse. Jag insåg att jag, som ung man och dessutom amerikan, psykologiskt sett hade gjort galleriet till en sorts historisk, kanske historiserad *teater*, som jag hade romantiserat och därigenom gjort fiktiv. Jag såg det inte som enbart en värdefull återstod av mänsklig historia – av särskilda människor och särskild historia – utan som ett förkroppsligande av en historia jag alltid stod utanför och betraktade. Där fanns en auktoritet i den historiska formen som inte, tycktes det mig, innefattade mig själv. Galleriet, som historisk institution, manifesterade på ett konkret sätt en *länk* som sammankopplade mig med en historia som inte var min och ingen romantisk form jag respekterade skulle heller kunna göra den till min. Jag stod i nuet, men jag kände också var det hade kommit ifrån – en väg gjord av andras erfarenheter.

Jag insåg att som tillhörig en generation – en som helt enkelt *var där* – hade jag kommit till den punkt där Ecole de Paris och själva modernismen var lika långt från verkligheten i mitt dagliga liv som Manets och Velasquez' verk, hur viktiga dessa än var för mig. Jag kunde lära mig av mycket, men t.ex. Picasso var ingen del av mitt liv, inte ens en obetydlig del. *Allt* låg lika långt ifrån det liv jag kände till. Till skillnad kanske från 60-talets amerikanska konstnärer kunde jag inte säga att jag delade denna historia. Världen hade förändrats och det hade även diskursen som formade mig i den.

Att stå där i galleriet och erfara vad som kändes som "autentisk" historia, men en historia som utestängde mig, fick mig också att fundera över *varför* jag var där. Paradoxen var att jag fann mig stå i en sorts korsning och att jag kommit dit utan någon känsla av riktning: av praxis, verkade det, såg denna ärvda historia sin egen form som något avslutat, inte som något pågående. Trots detta insåg jag att konstnärer som Johns, Warhol och Judd uppenbart var de som hade gjort modernismen synlig och därigenom påbörjat en process som skar av "länken". Det var deras verk som gjorde modernismen "läsbar" och avlägsnad från mig. Man skulle kunna säga att de uttryckte modernismen så tydligt att de gjorde det möjligt för oss som kom efter att avsluta den, vilket också somliga har gjort gällande.

Det arbete jag skulle visa, *The Eighth Investigation*, var en installation med klockor, bord och anteckningsböcker och där informationsblock, avhängiga av varandra, användes på ett sätt som hade med tillfällighet och sammanhang att göra. Jag hade märkt hur vissa av mina tidigare arbeten, som t.ex. verk i *'One and Three Objects/Subjects'*-serien eller de negativa definitionerna, ganska snart hänförts till traditionen i måleriets allmänt homogena historia, trots att *jag* såg dessa verk som en *brytning* med denna historia. Om ens arbete är själva signifikationsprocessen – vad jag såg som ett koncept av en konstpraxis, återupplivad ur en tradition, måleriets och skulpturens tungt vägande historia – då var det tydligt att själva gallerisammanhanget blev en del av verket. Om verket hade en intern problematik kunde det i alla fall bara upplevas som det mellanskikt mot världen, som galleriet i sin egenskap av betydelsegivande system okritiskt representerade. *The Eighth Investigation* (helt nyligen visad i Panza di Biumo-samlingen i öppningsutställningen på MOCA, Los Angeles, Temporary Contemporary) var, bland annat, ett sätt att spränga den kontemplativa ytan i de målade "fönster" som bildade denna "historiska teater". Folk var tvungna att själva deltaga i verket. Man kunde inte "se" verket genom att bara titta (ett attribut till konst av någon betydelse) trots att detta verk heuristiskt (och anti-formellt) genomdrev sitt syfte. Dessutom, genom att tvinga betraktaren in i verkets *process* blev det en *händelse* som

what is recoverable after the smoke clears from the spectacle of heroic Modernism. This other agenda simply speaks of a practice of art which neither loses sight of itself *nor* of that mass cultural horizon which forms us. The forms of authority of a traditionalized practice beget, repetitiously, not only their own forms but the authority to make them.

Post-modernism has become a term associated with many things, much of it bad. It's used as a rationalization for some of the most reactionary sentiments our culture has seen in some time, much of it being the worst aspects of Modernism running amok with a botched face-lift. It's in keeping with Modernist history that its death-rattle would present itself as its own alternative in painting and architecture and be a howling financial success to boot. There has been another tradition begun within Modernism to heroic painting and marketed aura. The present exhibition I feel, presents this 'tradition' well. As Rolf Ahlers has said, "The reflective assimilation of a tradition is something else than the unreflected continuity of tradition."

September 1987

Född 1945 i Toledo, Ohio. Bosatt i New York
Born 1945 in Toledo, Ohio. Lives in New York

34. One and Three Photographs. 1965
Ett och tre fotografier

phŏt′ograph (-ahf), n., & v.t. 1. Picture,
likeness, taken by means of chemical
action of light on sensitive film on basis
of glass, paper, metal, etc. 2. v.t. Take ~
of (person etc., or abs.); (quasi-pass.) *I
always ~ badly* (come out badly in ~).
Hencephotŏg′rapheʀ¹,photŏg′raphy¹,
nn., phŏtogräph′ıc a., phŏtogräph′ıc-
ally̆ adv. [PHOTO- + -GRAPH]

35. *'O + A/F! D! (TO I.K. and G.S) 2'*. 1987
B/w photographs/*Svartvita fotografier*
326,4 × 274,3 cm, 246,4 × 171,5 cm
Leo Castelli Gallery, New York

The student does not give up his demonstrations against the pressures of
thinking and reality whose domination becomes unceasingly intolerant
and unrestricted. A good part of the tendency of students to skylarking is
responsible   an
no longer re   it
extremely   ne
hilarious no   t-
tempts to p   t,
a freedom o   i-
pline. Even   rs
at scientifi   nt
again, he t   ne
newly gain   m
for the new

   Reason,   o
powerful th   ic
agency. Th   it
alcohol off   ot
equally in   ne
to endogen   t-
ing forces.   le
pleasure-so   c-
tive to see   s.
The latter   :e
the menta   es
(pleasure

**A map empty of
elements while
avoiding nothing
as its product.**

... In my production, pictures *and* words visually record the collision between our bodies and the days and nights which construct and contain them. I am trying to interrupt the stunned silences of the image with the uncouth impertinences and uncool embarrassments of language...

(Anders Stephanson: Interview with Barbara Kruger in forthcoming *Flash Art* Issue)

Barbara KRUGER

Född 1945 i Newark, New Jersey. Bosatt i New York
Born 1945 in Newark, New Jersey. Lives In New York

och hetsiga förvirring...

(Anders Stephanson: Intervju med Barbara Kruger i ett kommande nummer av *Flash Art*)

Översättning: Tua Waern

In space no one can hear you scream

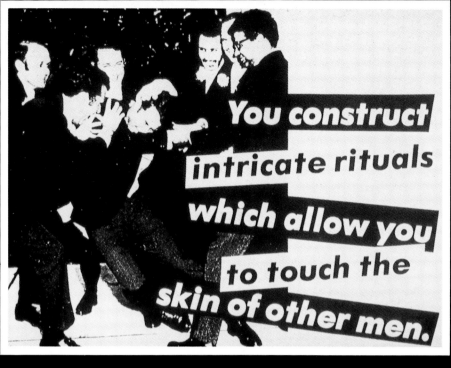

Untitled (You construct intricate rituals...). 1980
Utan titel (Du konstruerar invecklade ritualer...)
Photograph/*fotografi*. 94 × 127 cm
Courtesy Mary Boone Gallery, New York

Untitled (Your manias become science). 1981
Utan titel (Dina manier förvandlas till vetenskap)
Photograph/*fotografi*. 94 × 127 cm
Courtesy Mary Boone Gallery, New York

It is more than obvious that objects in a museum have been contained and legitimized. Any attempt to call into question this relation; where prominence is given and authority is taken is immediately abstracted and subsumed.
In part, my work is an effort to pull apart by putting together.

1987

Louise LAWLER

Född 1947 i Bronxville, N.Y. Bosatt i New York
Born 1947 in Bronxville, N.Y. Lives in New York

Det är mer än uppenbart att föremål i ett museum har inneslutits och legitimerats. Varje försök att ifrågasätta detta förhållande, där prominens givits och auktoritet tagits, blir omedelbart abstraherat och sammanfattat. Delvis är mina arbeten ett försök att dra isär genom att sätta ihop.

1987

Översättning: Tua Waern

Gretchen BENDER

Dara BIRNBAUM

Marcel BROODTHAERS

Daniel BUREN

Marcel DUCHAMP

Jasper JOHNS

Donald JUDD

Joseph KOSUTH

Barbara KRUGER

Louise LAWLER

Sherrie LEVINE

Robert LONGO

Allan McCOLLUM

Gerhard MERZ

Robert MORRIS

Reinhard MUCHA

Nam June PAIK

Blinky PALERMO

Giulio PAOLINI

Francis PICABIA

Sigmar POLKE

Robert RAUSCHENBERG

Gerhard RICHTER

James ROSENQUIST

Cindy SHERMAN

Laurie SIMMONS

Andy WARHOL

James WELLING

39. 4 photographs installed on a painted wall with two works from the collections of the Moderna Museet
4 fotografier installerade på en målad vägg tillsammans med två verk ur Moderna Museets samlingar
Roy Lichtenstein: Entablature No. 3/*Gesims nr 3*. 1971
Andy Warhol: Fox Trot/*Foxtrot*. 1961

AIR DE PARIS, Marcel Duchamp, 1919
''A present to my friends the Arensbergs''
3rd Version: Ulf Linde, Stockholm, 1963

AIR DE PARIS, Marcel Duchamp, 1919
''A present to my friends the Arensbergs''
3rd Version: Ulf Linde, Stockholm, 1963

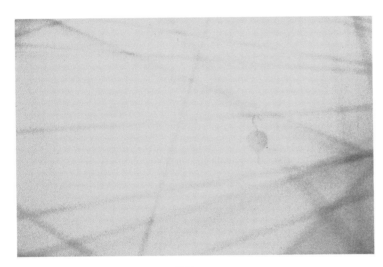

AIR DE PARIS, Marcel Duchamp, 1919
''A present to my friends the Arensbergs''
3rd Version: Ulf Linde, Stockholm, 1963

AIR DE PARIS, Marcel Duchamp, 1919
''A present to my friends the Arensbergs''
3rd Version: Ulf Linde, Stockholm, 1963

Since the door was only half closed, I got a jumbled view of my mother and father on the bed, one on top of the other. Mortified, hurt, horror-struck, I had the hateful sensation of having placed myself blindly and completely in unworthy hands. Instinctively and without effort, I divided myself, so to speak, into two persons, of whom one, the real, the genuine one, continued on her own account, while the other, a successful imitation of the first, was delegated to have relations with the world. My first self remains at a distance, impassive, ironical and watching.

1980

The world is filled to suffocating. Man has placed his token on every stone. Eve-

We like to imagine the future as a place where people loved abstraction before they encountered sentimentality.

1984

I like to think of my paintings as membranes permeable from both sides so there is an easy flow between the past and the future, between my history and yours.

1985

Sherrie **LEVINE**

ry word, every image, is leased and mortgaged. We know that a picture is but a space in which a variety of images, none of them original, blend and clash. A picture is a tissue of quotations drawn from the innumerable centers of culture. Similar to those eternal copyists Bouvard and Pechuchet, we indicate the profund ridiculousness that is precisely the truth of painting. We can only imitate a gesture that is always anterior, never original. Succeeding the painter, the plagiarist no longer bears within him passions, humours, feelings, impressions, but rather this immense encyclopedia from which he draws. The viewer is the tablet on which all the quotations that make up a painting are inscribed without any of them being lost. A painting's meaning lies not in its origin, but in its destination. The birth of the viewer must be at the cost of the painter.

1981

In the seventeenth century Miguel de Cervantes published *Don Quixote*. In 1962 Jorge Luis Borges published "Pierre Menard, Author of *Don Quixote*", the story of a man who rewrites the ninth and thirty-eighth chapters of *Don Quixote*. His aim was never to produce am mechanical transcription of the original, he did not want to copy it. His ambition was to propose pages which would coincide with those of Cervantes to continue being Pierre Menard and to arrive at *Don Quixote* through the experience of Pierre Menard. Like Menard, I have allowed myself variants of a formal and psychological nature.

1984

Född 1947 i Hazleton, Pennsylvania. Bosatt i New York

Born 1947 in Hazleton, Pennsylvania. Lives in New York

FEM KOMMENTARER

Eftersom dörren stod halvöppen fick jag ett förvirrat intryck av min mor och far på sängen, den ena ovanpå den andra. Förödmjukad, sårad och skräckslagen fick jag en avskyvärd känsla av att ha överlämnat mig själv, blint och fullständigt, i ovärdiga händer. Instinktivt och utan ansträngning delade jag mig, så att säga, i två personer, där den ena, den verkliga, oförfalskade, fortsatte för sin egen skull medan den andra, en lyckad kopia av den första, fick i uppdrag att sköta relationerna till omvärlden. Mitt första jag håller sig på avstånd, okänsligt, ironiskt och iakttagande.

1980

Världen är fylld till bristningsgränsen. Människan har satt sitt tecken på var sten. Varje ord, varje bild är hyrd och intecknad. Vi vet att en målning bara är en yta där en mångfald bilder, ingen av dem ursprunglig, sammansmälter och kolliderar. En målning är en väv av citat hämtade ur otaliga kulturkällor. Liksom de eviga kopisterna Bouvard och Pechuchet antyder vi den djupa löjlighet som just är måleriets sanning. Vi kan bara imitera den gest som alltid är föregående, aldrig ursprunglig. Plagiatören som efterträder målaren bär inte längre passioner, humör, känslor, intryck inom sig, utan snarare denna ofantliga encyklopedi ur vilken han hämtar stoff. Betraktaren är den tavla på vilken alla de citat som bildar en målning ristas in utan att något av dem går förlorat. En målnings innebörd ligger inte i dess ursprung utan i dess destination. Betraktarens födelse måste äga rum på målarens bekostnad.

1981

På 1600-talet publicerade Miguel de Cervantes *Don Quixote*. 1962 publicerade Jorge Luis Borges "Pierre Menard, författare av *Don Quixote*", berättelsen om en man som skriver om det nionde och det trettioåttonde kapitlet i *Don Quixote*. Det var aldrig hans syfte att åstadkomma ett slaviskt återgivande av originalet, han ville inte kopiera det. Hans ambition var att presentera sidor som skulle överensstämma med dem Cervantes hade skrivit, att fortsätta att vara Pierre Menard och att komma fram till *Don Quixote* genom Pierre Menards erfarenhet. Likt Menard har jag tillåtit mig varianter av en formal och psykologisk natur.

1984

Vi tänker oss gärna framtiden som en plats där människor älskade abstraktionen innan de mötte känslosamheten.

1984

Jag vill gärna tänka mig mina målningar som membran, genomträngliga från båda sidor så att de tillåter ett obehindrat flöde mellan det förflutna och nuet, mellan min historia och din.

1985

Översättning: Tua Waern

46. Untitled (Golden Knots: 2). 1987 *Utan titel*

48. Untitled (Lead Checks: 1). 1987 *Utan titel*

43. Untitled (Broad Stripe: 4). 1985 *Utan titel*

Richard Price: What's the point? What do you want to leave people with when they see your work, what do you want them to feel?

Robert Longo: Hope. I think I make art for brave eyes. I don't want to make art that will pat you on the back and tell you everything is going to be okay. I want to make something that's much more confronting. You don't look at it, it looks at you as much as you look it. I want there to be a real physical response to the work, because of the representational modes of magazines and things like that, you can see so many horrific things in a magazine or even monumental things and be able to comprehend them. But what's the difference between seeing them reproduced and seeing them for real. Seeing my work, these drawings, as big as they are is real important to seeing them reproduced – like in this book. It's the difference between seeing a photograph of a blown-up street in Beirut versus actually being there. Grandeur and monumentality as feelings are fascinating. And to be able to present that without a content of negative oppressiveness is real interesting. I like driving by a gigantic bridge, and what that feeling is, is that it's just so big. Everyone wants to see giants.

(*Robert Longo. Men in the cities 1979–82*, Introduction and Interview by Richard Price, New York 1986)

Robert LONGO

Född 1953 i Brooklyn. Bosatt i New York
Born 1953 in Brooklyn. Lives in New York

Richard Price: Vad menar du? Vad vill du ge dem som ser dina målningar, vad vill du att de skall känna?

Robert Longo: Hopp. Jag tror att jag gör konst för modiga ögon. Jag vill inte göra konst som klappar dig i ryggen och säger att allt kommer att bli bra. Jag vill göra något som är mer konfronterande. Man ser inte på det; det ser på dig likaväl som du ser på det. Jag vill att det skall finnas en verklig fysisk respons till verket, på grund av alla bilder i tidskrifter och sådant. Man kan se så många förfärliga saker i tidskrifter eller till och med storslagna saker och kan förstå dem. Men vad är skillnaden mellan att se dem reproducerade eller se dem i verkligheten? Att se mina arbeten, dessa teckningar, i verklig storlek är verkligen viktigt jämfört med att se dem reproducerade – som i den här boken. Det är som skillnaden mellan att se ett uppförstorat foto av en gata i Beirut och att verkligen vara där. Storhet och monumentalitet är fascinerande. Och att ha möjlighet att visa det utan ett underförstått negativt förtryck är verkligen intressant. Jag tycker om att köra över en gigantisk bro och vad den känslan är, är att den är så väldigt stor. Alla vill se jättar.

(*Robert Longo. Men in the Cities 1979–82*, förord och intervju: Richard Price, New York 1986)

Översättning: Tua Waern

Gretchen BENDER

Dara BIRNBAUM

Marcel BROODTHAERS

Daniel BUREN

Marcel DUCHAMP

Jasper JOHNS

Donald JUDD

Joseph KOSUTH

Barbara KRUGER

Louise LAWLER

Sherrie LEVINE

Robert LONGO

Allan McCOLLUM

Gerhard MERZ

Robert MORRIS

Reinhard MUCHA

Nam June PAIK

Blinky PALERMO

Giulio PAOLINI

Francis PICABIA

Sigmar POLKE

Robert RAUSCHENBERG

Gerhard RICHTER

James ROSENQUIST

Cindy SHERMAN

Laurie SIMMONS

Andy WARHOL

James WELLING

53. Meat Shot and the Homeless Count. 1986

51. Men Trapped in Ice. 1978

52. Body of a Comic. 1984

Psychoanalytically speaking, it is understood that the desirous subject does not pursue a real object, this subject is actually aiming at an imaginary object (absent object, lost object) through which the real objects become just so many lures, rendered indefinitely replaceable by their substitutive qualities. If the skoptophilic impulse, by definition, keeps a distance separating the source of this impulse from its object, then one might say that, unlike orality or anality, the need to see metaphorically becomes a "figure for the absence of its object", as Christian Metz has noted. Then, the subject's *compulsion* becomes that of perpetually seeing a real object renewed/represented – a little like the way color slides in a carousel are constantly changing – instead of the unattainable imaginary object. If the visual arts are founded in this gap... on the character of ex-

changeable signifiers of their representations, on their quality as perpetual surrogates which open into the imaginary before closing down into their nature as *things*... we might claim that the "false paintings" of Allan McCollum present themselves as pure signifiers of an absence for which no image could be substituted.

Displayed on the walls (which it envelops *in toto*), an "arrangement" by McCollum is composed of an *infinity* of "false pictures" containing insignificant variations. Each arrangement, endlessly recreated according to the wall spaces offered to the artist, presents itself as the *equipment* of pictorial representation: the painted frame, the white matte which usually separates the frame from the painting, a black rectangle replacing an image – an image represented by its absence. As such, the simulacrums of McCollum appear

as signifiers of signifiers, surrogates of surrogates, free of any iconographic referents. They work, in their total equivalence, as a metaphor for the fetishistic function of the icon *normally* placed within the picture frame. Or as McCollum has said: ... I think I can transform the seemingly innocent act of looking at art into a slightly nightmarish duplication of itself."

If we leave the psychoanalytic field for the social arena and its representations. McCollum's "false pictures" work as metaphors for the function of cultural objects in our society, where each simulates an autonomy and authenticity and whose exchange value reduces it to a generalized equivalence. McCollum stages for us the grand ritual funeral of the accumulation of legitimizing signs – Legitimization of power, of wealth, or of social status – and of its reversibility. As proliferate and repetitive as any commodity, McCollum's objects end up by repeating themselves only as pseudo-events and manifestations of the death wish.

(Claude Gintz, *New York: Ailleurs et autrement*, ARC, Musée d'Art Moderne de la Ville de Paris, 1985)

Allan McCOLLUM

Född 1944 i Los Angeles. Bosatt i New York
Born 1944 in Los Angeles. Lives in New York

Den rådande uppfattningen inom psykoanalysen är att analysanden i sina önskningar inte eftersträvar ett verkligt objekt; vad denna patient faktiskt åstundar är ett imaginärt objekt (frånvarande objekt, förlorat objekt) genom vilket de verkliga objekten blir enbart lockelser, obegränsat utbytbara genom sina substitutiva egenskaper. Om det utmärkande för den skoptofila impulsen är att behålla en distans, som skiljer ursprunget till denna impuls från dess objekt, då kan man säga att behovet att se, till skillnad från det orala eller det anala behovet, bildligt talat blir "ett tecken för objektets frånvaro", som Christian Metz har påpekat. Patientens *tvång* blir då att oavbrutet se ett verkligt objekt förnyat/återgivet – ungefär på samma sätt som diabilder i ett karusell-magasin hela tiden byts – i stället för det ouppnåeliga imaginära objektet. Om den visuella konsten har sin grund i detta tomrum ... genom framställningens utbytbara tecken, genom egenskapen att vara ständiga surrogat som öppnar sig mot det imaginära innan de sluter sig in i sin *sak*-natur ... då kan vi påstå att Allan McCollums "falska målningar" framträder som äkta tecken för en frånvaro, vilken inte kan ersättas av någon bild.

Ett arrangemang av McCollum, utspritt över väggarna (som det omsveper *in toto*) består av en *oändlig mängd* "falska tavlor" med sinsemellan obetydliga variationer. Varje arrangemang, omskapat i det oändliga allt efter den väggyta konstnären har till sitt förfogande, framträder som redskap för bild-framställning: den målade ramen, den vita passepartouten som vanligen skiljer ramen från målningen, en svart rektangel som ersätter bilden – en bild representerad av sin frånvaro. På det viset framträder McCollums skenbilder som tecken för tecken, surrogat för surrogat, fria från ikonografiska referenser av något slag. De verkar, i sin totala likvärdighet, som en metafor för den fetischistiska funktionen hos ikonen, vilken *normalt* placeras innanför ramen. Eller, som McCollum har sagt:"...Jag tror att jag kan förvandla den till synes oskyldiga handlingen att se på konst, till en lätt mardrömslik duplicering av sig själv."

Om vi lämnar det psykoanalytiska området för den sociala arenan och dess framställningar, så fungerar McCollums "falska tavlor" som metaforer för den funktion kulturobjekten har i vårt samhälle, där vart och ett imiterar en auto-nomi och en autenticitet och där dess utbytesvärde reducerar det till en generaliserad likvärdighet. McCollum iscensätter för oss den stora rituella begravningen av ansamlingen av legitimerande tecken – legitimering av makt, av rikedom eller av social status – och av dessas reversibilitet. Lika självförökande som vilken vara som helst blir slutligen McCollums objekt, genom att upprepa sig själva, endast pseudohändelser och som manifesteringar av döds-längtan.

(Claude Gintz, *New York: Ailleurs et autrement*, ARC, Musée d'Art Moderne de la Ville de Paris, 1985)

Översättning: Tua Waern

Gretchen BENDER

Dara BIRNBAUM

Marcel BROODTHAERS

Daniel BUREN

Marcel DUCHAMP

Jasper JOHNS

Donald JUDD

Joseph KOSUTH

Barbara KRUGER

Louise LAWLER

Sherrie LEVINE

Robert LONGO

Allan McCOLLUM

Gerhard MERZ

Robert MORRIS

Reinhard MUCHA

Nam June PAIK

Blinky PALERMO

Giulio PAOLINI

Francis PICABIA

Sigmar POLKE

Robert RAUSCHENBERG

Gerhard RICHTER

James ROSENQUIST

Cindy SHERMAN

Laurie SIMMONS

Andy WARHOL

James WELLING

Plaster Surrogates. 1984
Installation Metro Pictures, New York 1985–86

Perfect Vehicles. 1986
Installation Rhona Hoffman Gallery, Chicago 1986

Plaster Surrogates. 1984
Installation Cash/Newhouse, New York 1985

55. 5 Perfect Vehicles. 1986

Le Paradis n'est pas artificiel
        but is jagged,
For a flash,
        for an hour.
Then agony,
        then an hour,
                then agony...

(Ezra Pound: *Canto XCII*)

Gerhard MERZ

Född 1947 i München. Bosatt i München
Born 1947 in Munich. Lives in Munich

Le Paradis n'est pas artificiel
        men är anfrätt
ett ögonblicks sken,
                en timma,
Så vånda,
            så en timma,
                så vånda, . . .

(Ezra Pound: *Canto XCII*)

Översättning: Tua Waern

Gretchen BENDER

Dara BIRNBAUM

Marcel BROODTHAERS

Daniel BUREN

Marcel DUCHAMP

Jasper JOHNS

Donald JUDD

Joseph KOSUTH

Barbara KRUGER

Louise LAWLER

Sherrie LEVINE

Robert LONGO

Allan McCOLLUM

Gerhard MERZ

Robert MORRIS

Reinhard MUCHA

Nam June PAIK

Blinky PALERMO

Giulio PAOLINI

Francis PICABIA

Sigmar POLKE

Robert RAUSCHENBERG

Gerhard RICHTER

James ROSENQUIST

Cindy SHERMAN

Laurie SIMMONS

Andy WARHOL

James WELLING

Vittoria del Sole. 1987/*Solens seger*
Lacquer, pigment on canvas, bronze/*Lackfärg, pigment på duk, brons*
430 × 350 × 1900 cm
Galerie Konrad Fischer, Düsseldorf, Barbara Gladstone Gallery, New York
Installation documenta 8, Kassel 1987

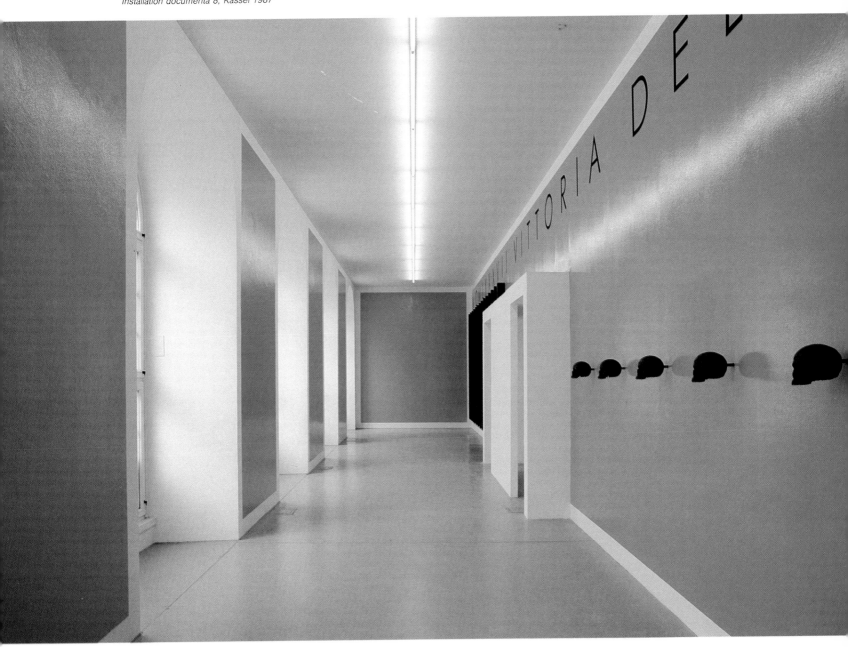

The dimensions of the pieces commonly conform to simple divisions or multiplications of the standard sizes of the materials he uses (eg plywood sheets 4'x8'), or at least are integral numbers of feet or inches. Since an integral number in feet is a fraction in metres, the employment of such dimensions is pragmatic rather than personal or theoretical. That there is no essential and reciprocal unity of concept and object is also shown by the fact that the objects have often been destroyed or lost and can be recreated at any time by the artist or by anyone else. All these considerations deprive the objects of the mystiques of number, craftsmanship, expression, inspiration, taste, style, etc. but they are presented as art.

(Michael Compton and
David Sylvester:
Robert Morris, Tate Gallery,
London 1971, p. 23)

Robert MORRIS

Född 1931 i Kansas City, Missouri. Bosatt i New York
Born 1931 in Kansas City, Missouri. Lives in New York

Verkens dimensioner rättar sig efter enkla divisioner eller multiplikationer av standardstorlekarna på de material han arbetar med (t.ex. plywoodskivor 100x200 cm), eller i varje fall integrala antal fot eller tum. Eftersom ett integralt antal i fot räknat utgör en delmängd i meter är användandet av detta måttsystem ett pragmatiskt snarare än ett personligt eller teoretiskt val. Att där inte föreligger någon essentiell eller ömsesidig överensstämmelse mellan koncept och objekt påvisas också av det faktum att objekten ofta har blivit förstörda eller gått förlorade och då kan återskapas när som helst av konstnären eller av någon annan person. Tar man allt detta i beaktande så fråntas objekten den mystik som kan ligga i mängd, hantverksskicklighet, uttryck, inspiration, smak, stil etc., men de presenteras som konst.

(Michael Compton och David Sylvester:
Robert Morris, Tate Gallery, London 1971, s. 23)

Översättning: Tua Waern

Gretchen BENDER

Dara BIRNBAUM

Marcel BROODTHAERS

Daniel BUREN

Marcel DUCHAMP

Jasper JOHNS

Donald JUDD

Joseph KOSUTH

Barbara KRUGER

Louise LAWLER

Sherrie LEVINE

Robert LONGO

Allan McCOLLUM

Gerhard MERZ

Robert MORRIS

Reinhard MUCHA

Nam June PAIK

Blinky PALERMO

Giulio PAOLINI

Francis PICABIA

Sigmar POLKE

Robert RAUSCHENBERG

Gerhard RICHTER

James ROSENQUIST

Cindy SHERMAN

Laurie SIMMONS

Andy WARHOL

James WELLING

58. Barrier. 1962/1984

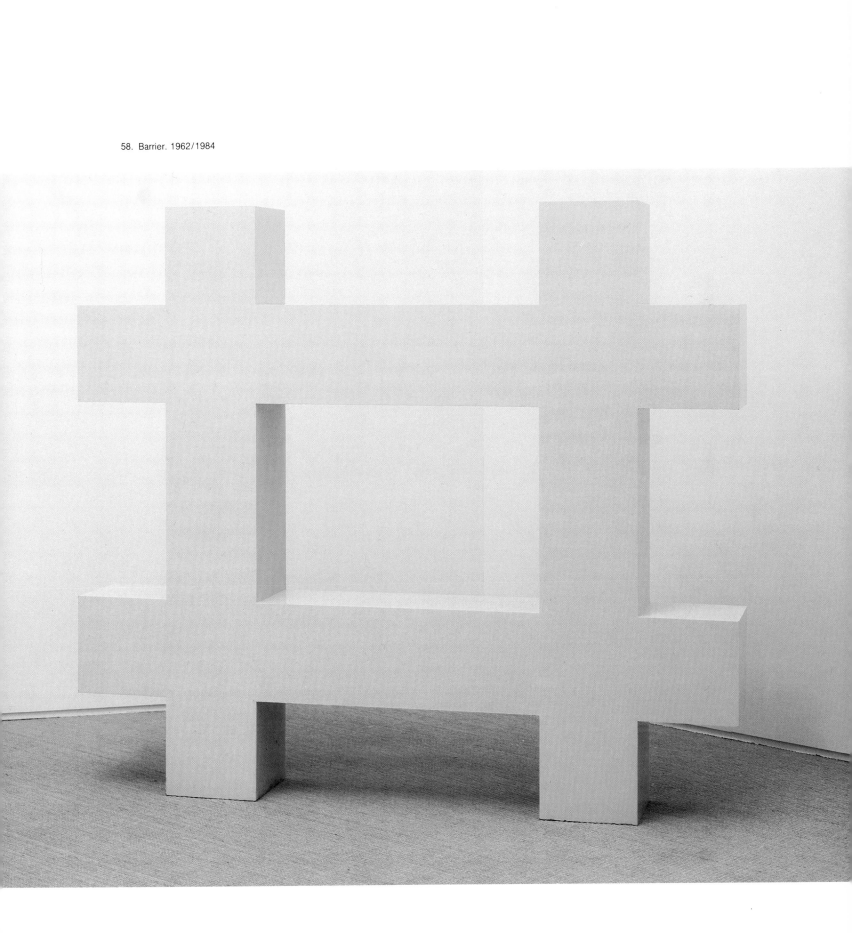

Reinhard MUCHA

Född 1950 i Düsseldorf. Bosatt i Düsseldorf
Born 1950 in Düsseldorf. Lives in Düsseldorf

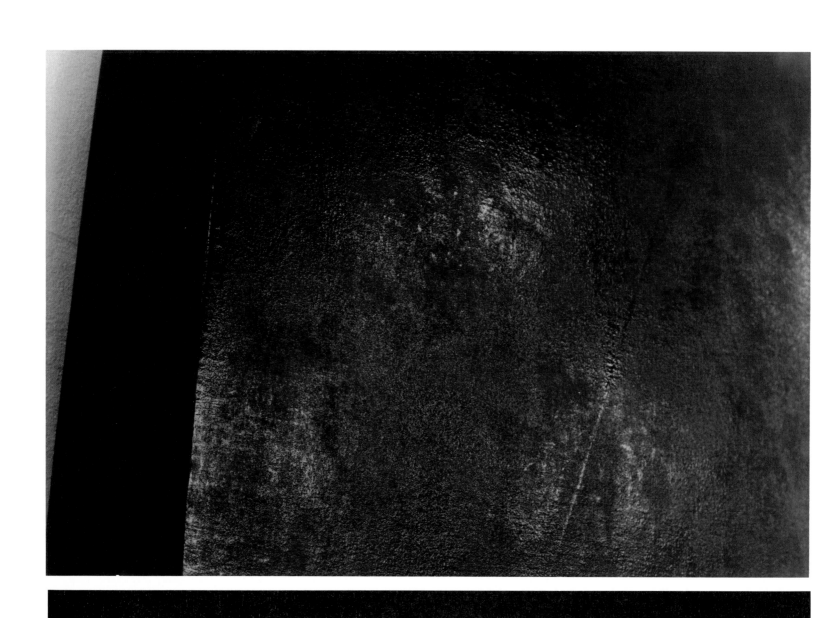

62. Oberbilker Markt. 1986

Someday more elaborated scanning system and something similar to matrix circuit and rectangle modulations system in color TV will enable us to send much more information at single carrier band, f.i. audio, video, pulse, temperature, moisture, pressure of your body combined. If combined with robot made of rubber from expandable-shrinkable cathode ray tube, and if it is "une petite robotine"...

        please, tele-fuck!
with your lover in RIO.   1965

Nam June PAIK

Född 1932 i Seoul, Korea. Bosatt i New York
Born 1932 in Seoul, Corea. Lives in New York

En dag kommer mer utvecklade svepsystem och någonting liknande matris-kretsarna och det rektangulära modulationssystemet i färg-TV att ge oss möjlighet att sända mycket mer information genom en enkel bärvåg, t.ex. en kombination av audio, video, puls, temperatur, fuktighet, kroppstryck. Om detta sammanförs i bildröret hos en gummirobot, tänjbar och krympbar, och om det är "une petite robotine"...

var så god, teleknulla!

med er älskade i RIO.   1965

(1944)

Do you know...?

How soon television will be in most homes?

How many small packages are lost annually?

The cruising range of small postwar planes?

18

Q. How soon after the war will television be available for the average home?

☐ 6 months   ☐ 1 year   ☐ 2 years

A. Experts estimate that television will be ready in about six months after civilian production resumes. And one of the important production techniques that will help speed delivery of

DO YOU KNOW...?

    How soon TV-chair will be available in most museums ?

    How soon artist will have their own TV channels ?

    How soon wall to wall TV for video-art will be installed
        in most homes ?

A new design for TV-chair

(dedicated to the great
communication-artist Ray
Johnson)

64. T.V. Chair. 1968 *TV-stol*

The purpose of the template is to enable the buyer himself to paint a blue triangle above a door in any room he pleases. The distance from the lower edge of the template to the base of the triangle determines the distance from the upper edge of the door to the base of the triangle painted on the wall. The sides of the triangle are centred. The gouache shows how the edges are to be painted. In contradistinction from the silkscreen edition of 1966 and the "portfolio of prototypes" of 1970, the edges shall be even.

(FRED JAHN: *Palermo Die gesamte Grafik und Auflagenobjekte 1966–1975*, Munich 1983)

Translation: Keith Bradfield

Blinky PALERMO

Född 1943 i Leipzig. Död 1977 i Sri Lanka
Born 1943 in Leipzig. Died in Sri Lanka, 1977

Syftet med schablonen är att köparen själv kan måla en blå trekant ovanför en dörr i vilket rum som helst. Avståndet från schablonens nedre kant till trekantens bas bestämmer avståndet från dörrens översida till basen av den på väggen målade trekanten. Trekantens sidor centreras. Gouachen visar hur kanterna skall målas. I motsats till silkscreen-upplagan från 1966 och till "prototyp-mappen" från 1970 skall kanterna vara jämna.

(Fred Jahn: *Palermo Die gesamte Grafik und Auflagenobjekte 1966–1975*, München 1983)

Gretchen BENDER

Dara BIRNBAUM

Marcel BROODTHAERS

Daniel BUREN

Marcel DUCHAMP

Jasper JOHNS

Donald JUDD

Joseph KOSUTH

Barbara KRUGER

Louise LAWLER

Sherrie LEVINE

Robert LONGO

Allan McCOLLUM

Gerhard MERZ

Robert MORRIS

Reinhard MUCHA

Nam June PAIK

Blinky PALERMO

Giulio PAOLINI

Francis PICABIA

Sigmar POLKE

Robert RAUSCHENBERG

Gerhard RICHTER

James ROSENQUIST

Cindy SHERMAN

Laurie SIMMONS

Andy WARHOL

James WELLING

Galerie
René Block
Berlin

PALERMO

edition 21
1969
Auflage 50 Exemplare
Exempl. Nr. **9**

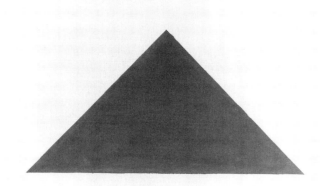

65. Blaues Dreieck, 1969 (Multiple) *Blå trekant (Multipel)*

I will say right off that I have always thought about the place of representation as the space of the work (the nature of this space, within what horizon it is possible to inscribe it).

If I've said "thought", I would not, however, want to equivocate: in truth I've never thought of the work, even if, to those who see and immediately perceive the work – or believe themselves to perceive it – it might seem that the thought has dictated the work. The artist and the work are complementary, not consequential. And so, just as for the work it will be essential, one could say existent, to catch the glance that reveals it (be it that of the author or of the spectator), so the discovery of something (the work) that allows him to look is likewise necessary for the artist, as proof of his own salvation. For this reason I said that it is the works that have thought of me, and not viceversa. The artist doesn't think, he is an outcast, a survivor from the escaped danger which is the approach established in the work. He is an unstable figure... contradictory attitudes coexist within him. He seeks the new, ever original means (roads not yet travelled), but always within a code (he is a standard-bearer of the norm, even of a norm that he still doesn't know). He must have others participate in his vision, but has not agreed to share it (not even with himself, if, upon arriving at the work, he has already turned to the next one). He is ironic, but doesn't make irony into an exercise. He has nothing to show, but perseveres in his

Giulio PAOLINI

fold. The 'copy from the original', for example, doesn't exclude the copy of an image already painted, since it is no less 'true' than any other object chosen by chance. In short, nothing is more 'finished' than a work yet to be begun: everything, however, because it exists, leads us to 'begin again.' The place of representation is the space that occurs by being announced." (See the painting courses at the Accademia Albertina di Belle Arti in Turin, 1977–78). The work doesn't produce space, it institutes it, it searches within itself to demonstrate it, it evokes it by representing it. And so it is the absolute domain of perception, of interpretation...

Thus dispossessed of himself, the artist (the surviver) truly risks being no longer recognized (sighted), insisting on searching for something by which, instead, even without taking it into account, he is already possessed. Seeker of gold, conjuror, chess player, hermit, pearl fisher, artist, master of ceremonies – are these synonymous? This last, for example... according to a preestablished code, it is he who truly delves into the search for the truth while knowing it to be unattainable; ceremony is not the automatic repetition of a conventional process but rather an essential event that unleashes panic just as it does ecstasy, igniting faith or extinguishing it. Perhaps the artist is someone or something, like a stunt man, who not so much applies, but lives the ceremony of the world's perception, joining revolution and discretion, demanding the absolute without knowing how to use it...

path. And, actually, he teaches: "The surface of a canvas, or of a sheet of drawing paper, are places crossed, in the experience of the past and in the prospect of the future, by innumerable projections and experimentations. Before penetrating particular verifications. I would suggest lingering on the availability and on the function that we want to attribute to the support. In other words, and paradoxically, all possible images that a surface has represented, or could represent can be reduced, or expanded, to the representation of itself. As in a wager with infinity, it's then a question of transferring the identity of the sign from the nature of the illusory artifice to that of the virtual instrument. The exercises of the Academy can draw from the same environment in which all the suggestions and questions that come up gradually un-

Like a ritual into which one always dives, or like the myth...

Thousands of statues make up that iconography of the imaginary which is the illustration of those mysterious, improbable, or probable figures which are the gods, their gesture...

Equally numerous are the spaces that separate them, the corporeal void that makes them visible, the distance that places them in perspective.

1984

Translation: Meg Shore

Född 1940 i Genua. Bosatt i Turin
Born 1940 in Genoa. Lives in Torino

Då skall jag säga med detsamma vad jag alltid har tänkt apropå FÖRESTÄLL-NINGENS PLATS, dvs konstverkets eget rum (vilket är platsens väsen? Vilken horisont kan den inskrivas i?).

Har jag sagt "tänkt", så skulle jag vilja undvika att bli missförstådd: jag har egentligen aldrig tänkt ut ett konstverk, även om någon skulle kunna tro det, någon som ser konstverket och på en gång anar – eller tror sig ana – tanken bakom det. Konstnären och konstverket är varandras komplement och inte varandras konsekvens. Det är nödvändigt för konstverket, för dess existens, att fånga blicken som upptäcker det (såväl skaparens som betraktarens). Likaså är det nödvändigt för konstnären att upptäcka någonting (konstverket) som tillåter honom att se; eftersom konstverket är det enda vittnesmål som kan rädda konstnären. Därför har, som sagt, konstverket tänkt ut mig och inte tvärtom. Konstnären tänker inte, han är en skeppsbruten, som undkommit den fara som den slutgiltiga landstigningen i konstverket representerar. Han är en ostadig figur... motsägelsefulla attityder samlever inom honom. Han söker nyheten, ständigt originella vägar, men alltid inom koden (han är en normernas fanbärare, även om han ännu inte känner till dessa normer). Han måste delge andra sin vision, men accepterar inte att dela den (inte ens med sig själv; ty, så fort han har kommit fram till det ena konstverket, vänder han sig mot det nästkommande). Han är ironisk, men utövar inte ironin med avsikt. Han har ingenting att bevisa, men håller ut i sin vandring. Han har dessutom någonting att lära ut: "Dukens eller ritblockets yta är en plats som korsas av oräkneliga projektioner och extrapoleringar av gångna erfarenheter och av framtida möjligheter. Innan vi fördjupar oss i särskilda granskningar, skulle jag vilja föreslå att vi stannar upp en stund och funderar över den tillgänglighet och funktion vi vill ge målningens underlag. Med andra ord, och paradoxalt nog: alla de bilder som en yta har föreställt, eller skulle kunna föreställa, kan dras ihop eller expandera till föreställningar av sig själva. Som i en vadslagning med oändligheten: allt handlar egentligen om att överföra teckens identitet från att vara ett illusoriskt knep till att bli ett verkligt instrument. Övningarna på akademin kan hämta allt sitt material och alla sina frågeställningar ur själva miljön där de äger rum. Modellmålningen – 'kopieringen av verkligheten' – utesluter exempelvis inte kopieringen av en redan målad bild; denna bild är faktiskt inte mindre 'sann' än något som helst utvalt föremål. Ingenting är alltså mera 'färdigt' än ett ännu inte påbörjat konstverk. Dock: allting som skall fås att existera förutsätter att vi hela tiden börjar om på nytt. Föreställningens plats är det utrymme som behövs för att kungöra den." (Not till måleri-kursen vid Accademia Albertina di Belle Arti, Turin, 1977–78). Konstverket producerar inget rum, utan fastställer det, söker rummet inom sig självt för att uppenbara det, frammanar det för att låta det FÖRESTÄLLA SIG SJÄLVT. Konstverket är alltså perceptionens, tolkningens absoluta härskare... Sålunda ej längre herre över sig själv, riskerar konstnären (den skeppsbrutne) att inte längre bli sedd, att envist söka någonting som, i hans ovisshet, redan finns där och behärskar honom. Guldgrävare, trollkarl, schackspelare, eremit, pärldykare, konstnär, ceremonimästare: är dessa synonymer? Till exempel den sistnämnde... enligt en förutbestämd kod är han den som verkligen låter sig uppslukas av sökandet efter sanningen, väl medveten om dess oåtkomlighet. Ceremoni är ingen automatisk upprepning av konventionella procedurer, utan en väsentlig händelse, som utlöser panikkänslor samtidigt som den framkallar extasen, väcker tron till liv eller dödar den. Konstnären är kanske någon eller någonting – en sorts stand-in – som inte längre applicerar utan UPPLEVER den ceremoni som är förnimmelsen av världen, som förenar revolution och försynthet och som kräver det absoluta utan att kunna använda sig av det...

Liksom en ritual som man alltid måste uppslukas av, eller som myten...

Tusentals statyer bildar det imaginäras ikonografi, som är illustrationen till de mystiska figurer – osannolika men dock möjliga – som är gudarna och deras gester...

Lika talrika är de rum som separerar dem, den kroppsliga tomheten som gör dem osynliga för oss, avståndet som ger oss perspektiv på dem.

1984

Översättning: Marta Meregalli

66. Intervallo. 1985 *Intervall*

Dal ''Trionfo della rappresentazione'' (cerimoniale: l'artista é assente). 1985
Från ''Representationens triumf (ceremoni: konstnären är frånvarande)
Installation Marian Goodman Gallery, New York 1985

I have disguised myself as a man to avoid being anything.

If someone else's work can translate my dream, I regard his work as mine.

(*Francis Picabia:*
Ecrits I & II, Paris 1978)

Translation: Keith Bradfield

Francis PICABIA

Född 1879 i Paris. Död 1953 i Paris
Born 1879 in Paris. Died in Paris, 1953

Jag har förklätt mig till människa för att slippa vara något.

Om ett verk av en annan kan översätta min dröm,
betraktar jag hans verk som mitt

(Francis Picabia:
Ecrits I & II, Paris 1978)

Gretchen BENDER

Dara BIRNBAUM

Marcel BROODTHAERS

Daniel BUREN

Marcel DUCHAMP

Jasper JOHNS

Donald JUDD

Joseph KOSUTH

Barbara KRUGER

Louise LAWLER

Sherrie LEVINE

Robert LONGO

Allan McCOLLUM

Gerhard MERZ

Robert MORRIS

Reinhard MUCHA

Nam June PAIK

Blinky PALERMO

Giulio PAOLINI

Francis PICABIA

Sigmar POLKE

Robert RAUSCHENBERG

Gerhard RICHTER

James ROSENQUIST

Cindy SHERMAN

Laurie SIMMONS

Andy WARHOL

James WELLING

From the left/ *från vänster*

67. Prenez garde à la peinture. 1916
Se upp för målningen

69. L'Acrobate. ca 1925
Akrobaten

68. Première rencontre. 1925
Första mötet

70. Le Vent (Déraison de la nature). 1949
Vinden (Naturens oförnuft)

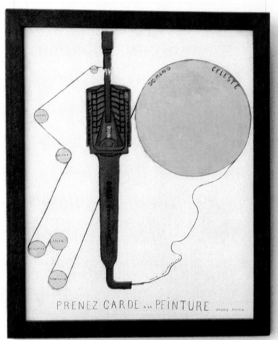

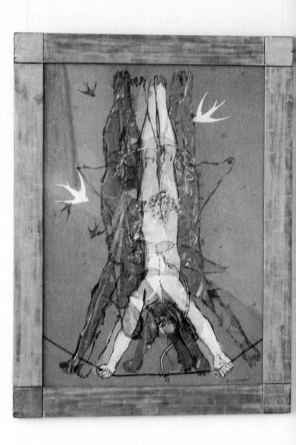

...Polke has no style. His imagery is that of popular and of elitist culture, but he transforms it, makes it subersive. His inferences do not make themselves available to reason; they settle in wherever there rests a doubt about rational progress, attempting to shortcircuit conventional reality, briefly permitting an idea of the true state of things. His sights are set high. Guarding against the pathos of the current position of art, Polke laughs—he always did laugh, even in the '60s, before the shrill shouts of "punk" and "no future". But he laughs as one whose belief in the future is not crushed by the present...

(Annelie Pohlen: Sigmar Polke, *Artforum*, November 1983, pp. 90–91)

Sigmar POLKE

Född 1941 i Oels, Schlesien. Bosatt i Köln
Born 1941 in Oels, Schlesien. Lives in Cologne

...Polke har ingen stil. Hans bildvärld tillhör en populär och en elitistisk kultur, men han omformar den, gör den subversiv. Hans slutsatser gör sig inte tillgängliga för förnuftet, de rotar sig varhelst ett tvivel om rationellt framåtskridande kvarstår, de försöker kortsluta konventionell realitet och släpper flyktigt fram en idé om sakers verkliga tillstånd. Han siktar högt. Polke värjer sig mot patoset i den ställning konsten har i dag – och skrattar – han har alltid skrattat, till och med på 60-talet, före de gälla skriken om "punk" och "ingen framtid". Men han skrattar som den vars tro på framtiden inte krossats av nutiden...

(Annelie Pohlen: Sigmar Polke, *Artforum*, november 1983, s. 90–91)

Översättning: Tua Waern

72. Neid und Habgier II (zwei Hunde und ein Knochen kommen nicht leicht zu einer Einigung). 1985
Avundsjuka och habegär (två hundar och ett köttben kommer inte lätt överens)

71. Amerikanisch/Mexikanische Grenze. 1984
Amerikansk/mexikanska gränsen

While it was only with slight discomfort that Rauschenberg was called a painter throughout the first decade of his career, when he systematically embraced photographic images in the early sixties it became less and less possible to think of his work as *painting*. It was instead a hybrid form of *printing*. Rauschenberg had moved definitively from techniques of *production* (combines, assemblages) to techniques of *reproduction* (silkscreens, transfer drawings). And it is that move that requires us to think of Rauschenberg's art as postmodernist. Through reproductive technology postmodernist art dispenses with the aura. The fantasy of a creating subject gives way to the frank confiscation, quotation, excerptation, accumulation, and repetition of already existing images.

(Douglas Crimp: On the Museum's Ruins, *October* 13, Summer 1980, p. 56)

Robert RAUSCHENBERG

Född 1925 i Port Arthur, Texas. Bosatt i New York och Captiva Island
Born 1925 in Port Arthur, Texas. Lives in New York and Captiva Island

Det kändes inte helt fel att tala om Rauschenberg som målare under de första tio åren av hans karriär, men då han systematiskt började använda sig av fotografiska bilder i början av sextiotalet blev det mer och mer omöjligt att se hans verk som *måleri*. Det var i stället en hybridform av *tryckförfarandet*. Rauschenberg hade definitivt lämnat *producerandets* metoder (combines, assemblages) för *reproducerandets* (serigrafi, överföringsbilder). Och det är detta steg som gör det nödvändigt att se Rauschenbergs konst som postmodernistisk. Genom reproduktionstekniken befriar sig den postmoderna konsten från auran. Det skapande jagets fantasi ger vika för ett rättframt beslagtagande, citerande, ackumulerande och upprepande av redan befintliga bilder.

(Douglas Crimp: On the Museum's Ruins, *October* 13, sommaren 1980, s. 56)

Översättning: Tua Waern

Gretchen BENDER

Dara BIRNBAUM

Marcel BROODTHAERS

Daniel BUREN

Marcel DUCHAMP

Jasper JOHNS

Donald JUDD

Joseph KOSUTH

Barbara KRUGER

Louise LAWLER

Sherrie LEVINE

Robert LONGO

Allan McCOLLUM

Gerhard MERZ

Robert MORRIS

Reinhard MUCHA

Nam June PAIK

Blinky PALERMO

Giulio PAOLINI

Francis PICABIA

Sigmar POLKE

Robert RAUSCHENBERG

Gerhard RICHTER

James ROSENQUIST

Cindy SHERMAN

Laurie SIMMONS

Andy WARHOL

James WELLING

74. Tideline. 1963 *Tidvattenslinje*

73. Monogram. 1955–59

Every time we describe an event, add up a columm of figures or take a photograph of a tree, we create a model; without models we would know nothing about reality and would be like animals.

Abstract paintings are fictitious models because they visualize a reality which we may nevertheless conclude to exist.

(Statement, *documenta 7*, Kassel 1982, Vol. 1 p. 443)

Gerhard RICHTER

Född 1932 i Dresden. Bosatt i Köln
Born 1932 in Dresden. Lives in Cologne

Varje gång vi beskriver en händelse, adderar en rad siffror eller tar ett foto av ett träd, skapar vi en modell; utan modellen skulle vi inte veta något om verkligheten och vi skulle då vara som djur.

Abstrakta målningar är fiktiva modeller därför att de åskådliggör en verklighet, vars existens vi trots allt måste sluta oss till.

(Statement, *documenta 7*, Kassel 1982, s. 443.)

Översättning: Tua Waern

Gretchen BENDER

Dara BIRNBAUM

Marcel BROODTHAERS

Daniel BUREN

Marcel DUCHAMP

Jasper JOHNS

Donald JUDD

Joseph KOSUTH

Barbara KRUGER

Louise LAWLER

Sherrie LEVINE

Robert LONGO

Allan McCOLLUM

Gerhard MERZ

Robert MORRIS

Reinhard MUCHA

Nam June PAIK

Blinky PALERMO

Giulio PAOLINI

Francis PICABIA

Sigmar POLKE

Robert RAUSCHENBERG

Gerhard RICHTER

James ROSENQUIST

Cindy SHERMAN

Laurie SIMMONS

Andy WARHOL

James WELLING

76. Untitled (613–3). 1986 *Utan titel*

77. Still (612–4). 1986

I'm interested in contemporary vis-
ion—the flicker of chrome, reflections,
rapid associations, quick flashes of
light. Bing—bang! I don't do anec-
dotes. I accumulate experiences.

(*James Rosenquist*, Denver Art
Museum, Denver 1985)

James ROSENQUIST

Född 1933 i Grand Forks, N.D. Bosatt i New York och Tampa, Florida
Born 1933 in Grand Forks, N.D. Lives in New York and Tampa, Florida

Laurie Simmons formulerar en koncis betraktelse över kvinnorollen och dess framställning. *Tourism* är en serie stora färgfotografier där berömda arkitektoniska vyer – Stonehenge, Eiffeltornet, gotiska katedraler och andra – kan skymtas då de "besöks" av kvinnodockor. Dockorna är långa, spensliga 60-talsaktiga gestalter, färgstämda till sin omgivning. Likaså efterhärmar deras gester och grupperingar arkitekturens utseende. Fotografierna sitter direkt på väggen för att likna "fönster mot världen". Genom det sätt på vilket figurerna är placerade i förgrunden får de betydelsen av kvinnliga betraktare och spräcker så de konventioner om bild/åskådarförhållandet som förutsätter maskulin identifikation med platsen för skeendet. Simmons tycks spela ut mot mode- och annonsapparaten, som förstärker det patriarkaliska samhällets etablerade koder, genom skickliga manipulationer med betraktarens placering. Ändå tjänar allt i dessa fotografier till att repetera – i ett annat och kritiskt tonläge – mediets retoriska knep. Det som framträder ur dem är den artificiellt åstadkomna naturligheten hos bilden, en ledighet iscensatt för effektens skull.

Eftersom arkitekturen i dessa verk är fallisk kan de uppfattas som monument över sina skapare – det vill säga monument över män. Och vad Simmons tycks antyda är att kvinnan, inuti detta landskap, bara kan vara vara turist. Hon spelar rollen av den Andra, den som är berövad sin rösträtt eller representationsrätt, inom en värde- och egendomsstruktur. Att vara upphov till något motsvaras i det här fallet av auktoritet och den övervägda kompositionen i dessa verk visar speglingar av ett lagstiftande samhälle – de obemärkta, men knappast neutrala strategier, som skapar könsroller. Denna diskurs är uppenbar i dockornas utförande, för om dessa figurer poserar är det genom att vara de könsstereotyper som pådyvlats oss och som genom innötningsprocessen accepterats. Dockorna tycks peka mot den plats där det som är bildat efter verklighetens mönster hinner ifatt sin källa eller sitt ursprung och bokstavligen alstrar dess sociala produkter. Annonsvärldens överdrivna, grälla och iscensatta påhitt representerar i det här fallet ett spel mellan verklighet och illusion som bildar vår uppfattning om världen, på ett sätt som är analogt med förutfattade meningar om könen. Och emedan Simmons urholkar dessa effekter genom att införa en kvinnlig åskådare, belyser hon den förkonstling som bär upp vilket naturligt synsätt som helst.

(Kate Linker, *Artforum*, ©, Vol. XXIII, nr 7, mars 1985)

Översättning: Tua Waern

94. Tourism: Parthenon. 1984 *Turism: Parthenon*

93. Tourism: Green Stonehenge. 1984 *Turism: Stonehenge i grönt*

97. Tourism: Brazil. 1984 *Turism: Brasilien*

95. Tourism: Las Vegas. 1984 *Turism: Las Vegas*

96. Tourism: Great Wall. 1984 *Turism: Kinesiska muren*

The most beautiful thing in Tokyo
is McDonald's.

The most beautiful thing in Stockholm
is McDonald's.

The most beautiful thing in Florence
is McDonald's.

Peking and Moscow don't have
anything beautiful yet.

America is really The Beautiful.
But it would be more
beautiful if everybody had enough
money to live.

Beautiful jails for Beautiful People.

(Andy Warhol: *The Philosophy of Andy Warhol*
(From A to B & Back Again), London 1975)

Andy WARHOL

Född 1930 i Pittsburgh. Död 1987 i New York.
Born 1930 in Pittsburgh. Died in New York, 1987

Det vackraste i Tokyo är McDonald's.

Det vackraste i Stockholm är McDonald's.

Det vackraste i Florens är McDonald's.

Peking och Moskva har ännu inte något vackert.

Amerika är verkligen Det Vackra. Men det skulle vara ännu vackrare om alla hade tillräckligt med pengar för att livnära sig.

Vackra fängelser för Vackra Människor.

(Andy Warhol: *The Philosophy of Andy Warhol*
(From A to B & Back Again), London 1975)

Gretchen BENDER

Dara BIRNBAUM

Marcel BROODTHAERS

Daniel BUREN

Marcel DUCHAMP

Jasper JOHNS

Donald JUDD

Joseph KOSUTH

Barbara KRUGER

Louise LAWLER

Sherrie LEVINE

Robert LONGO

Allan McCOLLUM

Gerhard MERZ

Robert MORRIS

Reinhard MUCHA

Nam June PAIK

Blinky PALERMO

Giulio PAOLINI

Francis PICABIA

Sigmar POLKE

Robert RAUSCHENBERG

Gerhard RICHTER

James ROSENQUIST

Cindy SHERMAN

Laurie SIMMONS

Andy WARHOL

James WELLING

98. Marilyn Monroe in Black and White. 1962 *Marilyn Monroe i svart/vitt*

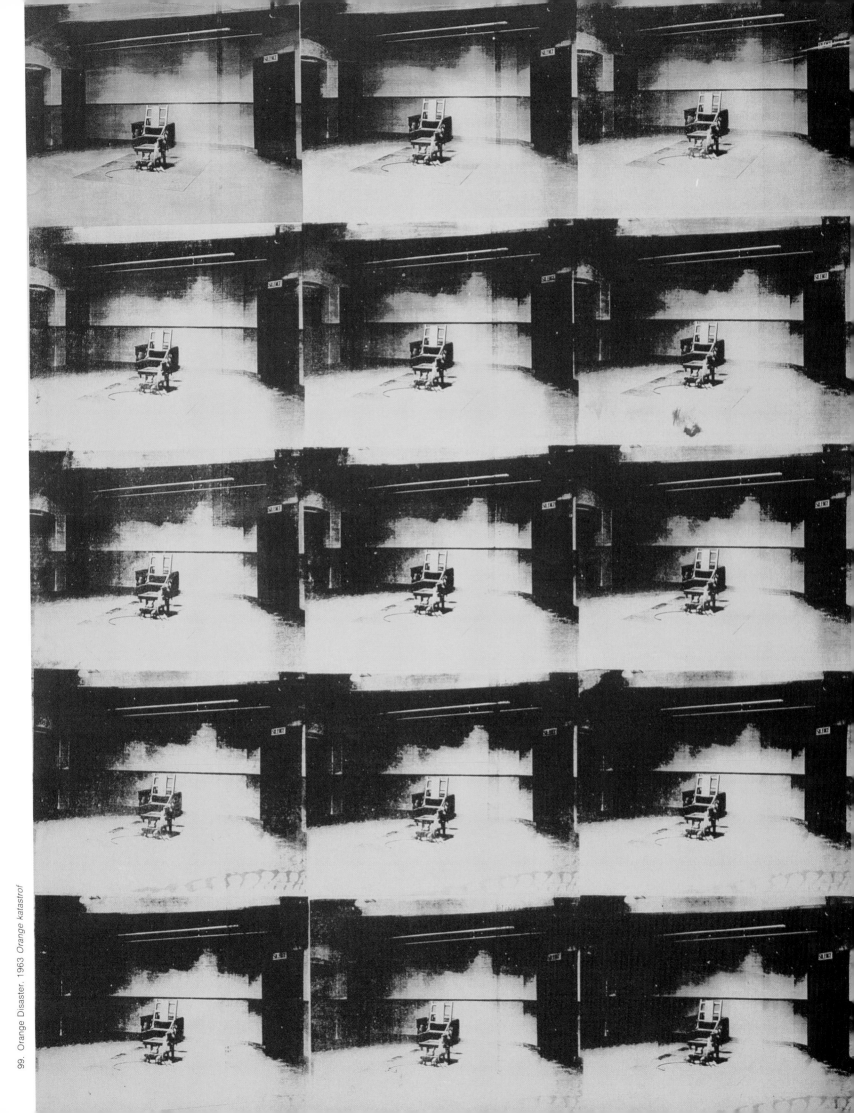

For although... we are not originally attracted by nature, we are not originally attracted by artifice either. What attracts is the natural representation of the artificial. Such representation must by definition be accidental... but without this accident, it seems, there would be no "primitive form of desire." We don't want things in themselves, but we can't begin by wanting representations of things in themselves either; we want things in themselves that look like representations. We begin, in other words, with the illusion that representation itself is natural, and without this illusion we would never develop any interest either in representation or in nature.

(Walter Benn Michaels:
The Gold Standard and the Logic of
Naturalism, *Representations 9*,
1985, pp. 117–8)

James WELLING

Född 1951 i Hartford, Connecticut. Bosatt i New York
Born 1951 in Hartford, Connecticut. Lives in New York

Fastän... vi inte ursprungligen dras till naturen dras vi inte heller ursprungligen till artefakter. Det som fängslar oss är den naturalistiska återgivningen av det artificiella. En sådan återgivning måste självfallet bli tillfällig... men utan denna tillfällighet, tycks det, skulle det inte finnas någon "primitiv form av begär". Vi vill inte ha tingen i sig, men vi kan heller inte utgå från att vilja ha återgivningar av tingen i sig; vi vill ha ting i sig som ser ut som återgivningar. Vi utgår, med andra ord, från illusionen om att själva återgivandet är det naturliga och utan denna illusion skulle vi aldrig utveckla något intresse för vare sig återgivningen eller naturen.

(Walter Benn Michaels:
The Gold Standard and the Logic of Naturalism,
Representations 9, 1985, s. 117–8)

Översättning: Tua Waern

Gretchen BENDER

Dara BIRNBAUM

Marcel BROODTHAERS

Daniel BUREN

Marcel DUCHAMP

Jasper JOHNS

Donald JUDD

Joseph KOSUTH

Barbara KRUGER

Louise LAWLER

Sherrie LEVINE

Robert LONGO

Allan McCOLLUM

Gerhard MERZ

Robert MORRIS

Reinhard MUCHA

Nam June PAIK

Blinky PALERMO

Giulio PAOLINI

Francis PICABIA

Sigmar POLKE

Robert RAUSCHENBERG

Gerhard RICHTER

James ROSENQUIST

Cindy SHERMAN

Laurie SIMMONS

Andy WARHOL

James WELLING

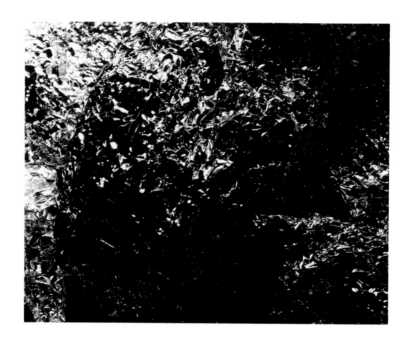

Untitled. 1980 *Utan titel*

Untitled. 1980 *Utan titel*

ALLAN McCOLLUM/LAURIE SIMMONS

56. Actual Photos. 1985

POST-MODERN-(ISM), WHAT KIND OF WORD DO WE HAVE HERE?

The "post" bit is simple enough. The Ancient Romans used the word simply to mean "after", and in art we have become familiar alike with "Post-Impressionism" (Roger Fry, 1910), "Post-Painterly Abstraction" (Clement Greenberg, 1964) and "Post-Minimalism" (Robert Pincus Witten, 1969).

"Modern" is a bit more difficult... It is true that, since the Latin of the Middle Ages, "modernus" has apparently designated what is new and contemporary, but if we look at how the word has actually been used in, for example, the history of art, the whole thing at once becomes more problematical.

"Even I used to like modern buildings," wrote the Florentine architect Antonio Filarete in the mid 15th century, "but when I began to discover the classical, I found the former nauseating..." Filarete, we can say, preferred the *post*modern to the modern, in that "modern", right up to the end of the 16th century, meant Mediaeval Gothic, while the contemporary, Renaissance style was called "classical"!

Giorgio Vasari was the first to propose a change, so that modern would again become synonymous with contemporary. But hardly had this new meaning put down its roots, before the famous battle flared up in 17th century France between *les Anciens et les Modernes*, and Vasari's "modern" artists and architects emerged again as unmodern.

A further complication is that "the Modern Age" can mean both the era following the Middle Ages (which is to say that of Western Humanism), and the period subsequent to around 1750 (i.e. industrialism).

After "modern" we finally find "ism", a suffix that when attached to another word briskly transforms it into a noun intimately associated with art and the arts. Postmodern could then, for example, designate a break with the *entire* conceptual world of Humanism and the Enlightenment, while Post-modern*ism* would be limited to a more internal showdown within the world of art...

It's a refractory word we are dealing with here. Unfortunately, it would seem too late to try to substitute any other term: after all, it's been in use for over a hundred years!

Lars Nittve

POST-MODERN-(ISM), VAD ÄR DET FÖR ORD?

"Post" delen är tämligen enkel: "post" sade redan de gamla romarna när de menade "efter". Och inom konsten har vi vant oss vid såväl "Post-Impressionism" (Roger Fry 1910), som "Post-Painterly Abstraction" (Clement Greenberg 1964) och "Post-Minimalism" (Robert Pincus Witten 1969).

Med "modern" är det besvärligare. Visserligen tycks det ända sedan medeltidslatinets "modernus" ha betecknat det nya och nutida, men ser man sedan till hur ordet har använts, t.ex. i konsthistorien, blir det hela genast mer problematiskt.

"Även jag brukade tycka om moderna byggnader" skrev den florentinske arkitekten Antonio Filarete vid mitten av 1400-talet, "men när jag började upptäcka de klassiska, fann jag de förra vämjeliga...". Filarete föredrog, kan man säga, det postmoderna framför det moderna, för med "modern" menades ända fram till slutet av 1500-talet den medeltida Gotiken, medan den samtida renässansstilen kallades "klassisk"!

Giorgio Vasari blev den förste att föreslå en förändring, så att det moderna åter skulle bli synonymt med det samtida. Men den nya betydelsen hann bara slå rot, så blossade den berömda striden mellan "de gamla" och "de moderna" – *les Anciens et les Modernes* – upp i 1600-talets Frankrike och Vasaris "moderna" konstnärer och arkitekter framstod åter som omoderna...

En ytterligare komplikation är att "den moderna tiden" ju kan betyda såväl en epok, som kommer efter medeltiden (dvs. den västerländska humanismens era), som tiden efter ca 1750 (dvs. industrialismen).

Efter "modern" återfinner vi slutligen ibland "ism". Ett suffix, som när det häktas fast vid ett annat ord raskt förvandlar det till ett med konst och kultur intimt förknippat substantiv. Postmodern skulle då t.ex. kunna beteckna ett brott med humanismens och upplysningens *hela* föreställningsvärld, medan postmodern*ism* skulle vara begränsat till en mer inomkonstnärlig uppgörelse...

Det är ett bångstyrigt ord vi har att göra med. Men tyvärr är det nog alldeles för sent att försöka ersätta det med något annat, det har trots allt varit i bruk i mer än hundra år!

Lars Nittve

Lars Nittve: A word history of "Postmodern" 1870–1970:

WHEN did WHO use the word Postmodern(ism) to designate WHAT?

1870 The English Academician Chapman.
Chapman regarded his art as "Postmodern", in contradistinction from the "modern" painting of the Impressionists.

1934 The Spanish literary historian Federico de Oniz.
A reaction in the Spanish-language literature to the breakthrough of Modernism ("postmodernismo" here covers the years 1905–14).

1942 The American literary historian Dudley Fitts.
A sonnet by G. Martinez is described as the "manifesto of Postmodernism".

1945 The American critic of architecture Joseph Hudnut.
An architecture affirmative towards the advances of serial production and technology.

1946 The English historian Arnold Toynbee.
The period subsequent to c. 1875.

1950 The American poet Charles Olson.
The period subsequent to c. 1875.

1959 The American literary critic Irwing Howe.
A pejorative designation for "post-war" writers such as Salinger, Malamud and Bellow.

1960 The American literary critic Harry Levine.
A pejorative designation for "post-war" writers such as Mailer, Bellow, Barth and Pynchon.

1961 The Latin American literary critic Octavio Corvalan.
A reaction against Modernism in the Spanish-language literature in the '20s and '30s.

1962 The English literary critic William Van O'Connor.
The novels of Larkin, Amis and Murdoch, in which the main character is an "ordinary person".

1964 The English historian Geoffrey Barraclough.
"Postmodern" used as a synonym for "contemporary".

1965 The American literary critic Leslie Fiedler.
A designation for "Pop" writers such as Burroughs, Vonnegut and Burgess.

1966 The English historian of architecture Nikolaus Pevsner.
A sculptural architecture with expressionistic overtones.

1968 The American sociologist Amitai Etzioni.
The period subsequent to 1945—a new "active society".

1968 The American art critic Leo Steinberg.
A new relationship between the artist, the picture and the beholder, to be found for example in Rauschenberg, Johns and Warhol.

1970 The American literary theorist Ihab Hassan.
A view of literature influenced by Post-Structuralism, and affirmative towards the fragmentary, the indeterminate, and the playful.

1977 saw the publication of Charles Jencks' "The Language of Postmodern Architecture", the book that according to a whole raft of writers is the birthplace of the term "postmodern(ism)".

Lars Nittve: En postmodern ordhistoria 1870–1970:

NÄR använde VEM ordet postmodern(ism) som beteckning för VAD?

1870 Den engelske salongsmålaren Chapman.
Chapman betraktade sin konst som "postmodern" till skillnad från impressionisternas "moderna" måleri.

1934 Den spanske litteraturhistorikern Federico de Oniz.
En reaktion i den spanskspråkiga litteraturen på modernismens genombrott ("postmodernismo" omfattar här åren 1905–14).

1942 Den amerikanske litteraturhistorikern Dudley Fitts.
En sonett av en G. Martinez betecknas som "postmodernismens manifest".

1945 Den amerikanske arkitekturkritikern Joseph Hudnut.
En arkitektur som bejakar serieproduktionens och teknikens landvinningar.

1946 Den engelske historikern Arnold Toynbee.
Tiden efter ca 1875.

1950 Den amerikanske poeten Charles Olson.
Tiden efter ca 1875.

1959 Den amerikanske litteraturkritikern Irwing Howe.
Pejorativ beteckning för "efterkrigsförfattare" som Salinger, Malamud och Bellow.

1960 Den amerikanske litteraturkritikern Harry Levine.
Pejorativ beteckning för "efterkrigsförfattare" som Mailer, Bellow, Barth och Pynchon.

1961 Den latinamerikanske litteraturhistorikern Octavio Corvalan.
En reaktion mot modernismen i den spanskspråkiga litteraturen på 20- och 30-talet.

1962 Den engelske litteraturkritikern William Van O'Connor.
Larkins, Amis och Murdochs romaner, där huvudpersonen är en "vanlig människa".

1964 Den engelske historikern Geoffrey Barraclough.
"Postmodern" används som synonym för "samtida".

1965 Den amerikanske litteraturkritikern Leslie Fiedler.
Beteckning för "Pop-författare" som Burroughs, Vonnegut och Burgess.

1966 Den engelske arkitekturhistorikern Nikolaus Pevsner.
En skulptural arkitektur med expressionistiska övertoner.

1968 Den amerikanske sociologen Amitai Etzioni.
Tiden efter 1945 – ett nytt "aktivt samhälle".

1968 Den amerikanske konstkritikern Leo Steinberg.
Ett nytt förhållande mellan konstnär, bild och betraktare som återfinns hos bl.a. Rauschenberg, Johns och Warhol.

1970 Den amerikanske litteraturteoretikern Ihab Hassan.
En av poststrukturalismen influerad litteratursyn, som bejakar det fragmentariska, obestämda och lekfulla.

År 1977 utkommer Charles Jencks "The Language of Postmodern Architecture", den bok som enligt en uppsjö skribenter är ordet postmodern(isms) födelseplats...

Daniel Buren to Georg Baselitz, from Mario Merz to Enzo Cucchi. None of this is to say that if one looks at the positive in front of the mirror or at the negative in the reflected image, one finds positive and negative in opposition; through their disjunction—through implosion—they reciprocally justify each other.

The question of the nonsubjective traverses European art as the emerging theme of an ideological and epistemological space that refutes old esthetic schemes, denouncing their limits and closures. The "anonymous," often-repeated discourse of Buren's colored stripes, for example, suggests a different kind of knowledge of the object, a different methodology, a vision broadened from art to its context. Here we rediscover a theoretical line of thought in large part originating in Mallarmé's exercises in spatialization, and focusing on the "text" and on the "context" of art. In Buren's work, it delineates the contours of a nonnaturalistic, nonexpressionistic problematic. Buren is aware that it is not only the creative effort that organizes and brings about linguistic modifications in art, but also the artwork's context, the places through which it moves in its transit through time and space—the museum, the gallery, the exhibition, the book, and so forth. He proposes an investigation of the effects that these places induce, a parenthesizing of the conditions they impose. The work reopens for discussion the entire problem of the unstable relationship between art and its structures of transit, deconstructing and illuminating the relationships and processes interacting between the two. The effect is to diminish the intensity of the artist's subjectivity in the work.

But if the critical filter, in examining the totality, or at least the pseudototality, of the "art system," must necessarily look at the foundation on which art stands, it must also look at art's "abstract codes." With Joseph Kosuth's definition of "art as idea as idea," the process of formulating and abstracting artistic "goals," earlier generally made mysterious, becomes a part of the art itself. The result is another implosive "short circuit," which may remove itself from Buren's kind of reflection on the practical operating conditions of production, but demonstrates instead art's abstract philosophical formulations. These "solidifications"—environmental in Buren, theoretical in Kosuth—fragment the systems of artistic codes on the acceptance of which the legitimacy of "power" in art has thus far been based. Yet these expository methodologies and conceptual definitions do not exhaust the totality of art, or art's encompassing ideology, for these things are based on an infinite number of coordinates, among them art's own history. This latter is an enigmatic reality that can be revealed as both phenomenon and as memory. It is an abstraction presupposing a dialectic between past and present, subject and object, image and idea, a dialectic illuminated as a necessary part of artistic knowledge and vision. Giulio Paolini is one who carries out this sort of penetration of history as a territory in which the figures of art move and have their passage, both forward and backward in time. As a way of embracing all the fragments of the present, his work reveals the enigmatic energy of the past. Here, history's impersonal presence appears as the fulcrum of every artistic personality, including Paolini's own. It is the indefinite process through which the representations and the models of perception pass. Paolini thus dissolves subjectivity in the historical process, opposing the cold pole of history's flow to the hot pole of the artist/demiurge. For him, the artist exerts no personal choice, for that choice derives from the development and progression of images in time, from Raphael to Canova, from Picabia to Cy Twombly, and, at the apex of this historical referentiality, from Paolini to Paolini. The last stage of the journey is precisely in the order of *doublure* (indeed, one work of Paolini's is entitled *La Doublure*, 1971–73), that is, in the passage of images in two directions at once.

These protagonists of European art, interpreting the grammar of the contemporary as well as of the historical, emphasize those classes of the language of art that are "in formation." Conducting research into the basic elements—process, idea, history—of visual phenomena, they invest value in both the sources of these phenomena and the means of their reception. In this sense both source and receptor become autonomous of the "subject," as the frame in *Danse de Saint Guy* was autonomous of the artist, Picabia.

In these interrogations of the reproducible object as it appears in art, it is necessary to explore the lines of art's borders with the culture at large, so that the linguistic spaces of art are not left limitless, ungoverned by traditions particular to them. Otherwise, art sinks into indistinctness, merges with everything around it. Accordingly, the need arises to plunge the artistic investigation into the dimension of the sociocultural, which provides the connective tissue of art's concretization and process. Even if, in rendering transparent the relationships between the realization of art in form and the collective and historical imagination of the culture in which art comes to be, one reveals an intrinsically ideological discourse, that discourse can still proffer dimension to the historical-political creation, and a perimeter to the territory of the artist's thought and vision. This ideological determinism differs in Europe and America; the difference is complementary rather than contradictory or antithetical, but it is worthwhile to point out the two continents' individual characteristics.

When European art turns to reproducible objects, it always keeps in mind their "historicity" as well as their "factuality." Every form or image is a sign laden with memories and remembrances, stratifications and symbols. The knowledge thus enclosed is a mirror of history, a means of passing history into the present. "Things" are central, for they are loaded with secrets and mysteries. Their enigmas are used in both painting and sculpture, from de Chirico to Kounellis, from Duchamp to Beuys, to demonstrate and display magic. Their introduction reinforces the attempt, typically European, to hold back these things and their secrets from evanescence, to keep them on this side of the threshold of oblivion—the oblivion not of pure and simple absence, but of the obscure presence of night, and of death.

Art is thus an instrument of memory, a pouring out of time, which slides along its surfaces in images and figures both past and present. Paolini and Sigmar Polke, for example, establish the values of such images through their "monumentalization" of heroes from Titian to Mickey Mouse. Looking at contemporary European art, one has the impression of walking through the corridors of a picture gallery or a library, where busts and tablets, incunabula and prints are all lined up in commemoration of the faces and forms, the profiles and the clothes, the sculptures and the furnishings of vanished heroes. These works are the glories of the past become environments and spectacles, manifestations of the present. Sanctuaries of memory, they present us with the same variety of things, values, and forms both ancient and modern that we find in the magnificent "chaos" of the European city, which, as Balzac saw so well, is itself a museum. The investigation of lost forms and past representations is the grand theme of the "modern" European. Accordingly, many artists, among whom one can count Luciano Fabro and Ettore Spalletti, focus not only on the fragments and ruins of "things," but also on the fullness and volume of the light these objects hold—the light of the past, revealed in vases and cups, stones, columns, and cylinders that recall the vanished landscapes of an older world.

If things possess this kind of secret, European artists seem intent on discovering it, on drawing it out. This is why many of them interrogate the reproducible object, shattering its objectivity, entering into it and exploring its mysterious core, which both fascinates and challenges them. Others

remove the object from the grey unrelieved continuum of the world; in the tradition of Arcimboldo, a tradition that survives today in the work of such artists as Tony Cragg and Reinhard Mucha, they use the object to construct a face or a figure, a witness to the human as much as to the mechanical. Setting objects in "collections" according to principles that we have not seen before, this transfiguration of time-charged fragments and residues pushes them into a complex of solids and voids, of presences and illuminations. The gesture and process arrest these things on the shore of a new life. It is the tranformation (another point of transit) of transience into an event; one might call it a redemption, a gathering together, in the work of Gerhard Merz and Bertrand Lavier, of the traces of the ancient beauty in both archeological and industrial ruins.

Sometimes memory is petrified in woods and plastics, congealed in the intimacy of their relationship; sometimes it is presented through historical traces, or as the instantaneous hallucination of the photograph, as in the work of Gunther Förg. What matters is to arrest "things" before they perish, to reinvent a use for them. Held in suspense, they find a new existence. And if the symbolic challenge is a challenge privileged in "death" (Baudrillard again), the art seeks answers in the sacrificial, the ruined, the fatal. It aspires to reverse time, to hand down and redeem the past in the present, history in today.

In America too art ventures into "things," but it doesn't see "history" in them so much as it sees the market, work, and consumption. Objects here are the fetishes of social relationships reduced to "functions"; they are "products," goods and instruments, that the process of commodification and its various apparatuses of measurement have diffused into everyday life, seemingly as "presents" and "gifts," but gifts that must absorb human energy in order to become usable and consumable.

American art has its fulcrum in these things, and in the investigation of their pseudoreality, their abstraction, their impersonality. It aspires to petrify them in their distance from the world, to give their shadows form. Working with "appearances" and their passages of images, Cindy Sherman brings to light the emptiness in the "loan" of the human being, in this case the female, to the impulses of cinema and television, advertising and literature. She reveals the absolute absurdity of an existence "through" the image, and attempts to overturn the logic of commodification, creating a burning, corrosive critique that hammers away at female stereotypes.

American artists' experience of the media's "special effects," their awareness of how the media impact on their own lives, brings them on a fantastic "tour" through the media system. It is a tourism without territory, a tourism of luminosity, immateriality, and the throng of unreal and artificial copies they create. For Nam June Paik as for Louise Lawler, even the imaginative space of art is a specter of consumption; passing through the TV monitor or the photograph, it finds a place in the "proper" living room. For both these artists, to look at art is to place it visually among the constantly expanding accumulation of television programs or assemblages of objects comprising both Duchamp and *Dynasty*, both picture frames and chandeliers. These things are part of the "style" of the house, or of the museum. "But it is in the city that the behavioral opacity of nonsubjective things and actions reveals its 'richness.'" The forests of skyscrapers fuse with the mountains of objects and the seas of people into an immense, glacial still life. Here we have Robert Longo's "filled void" of congealed bodies and things. His is a reality outside the ungraspable, undifferentiated order of mute identities whose fullness occupies urban spaces and streets; it is a reality of "creatures," of the "monstrous"—of being often half human, half thing, like the centaur or the sphinx. Their "monstrosity" serves to represent the "marvelous" and the "surprising," which originate in the beginnings of our civilization, based as it is on the dominion of the objective (the world outside us) over the subjective (our own being). "Figures" made up of elements that emerge into each other make one thing of the energetic, dynamic experience of passing through the everyday life of the city as the Futurists perceived it. But that perception has been broken off, replaced with a view of the formlessness and instability of images, a view related to the empty, flat, fast, reflexive flow of contentless images on the television or other electronic screen. The image is "transparent," and leaves no trace or inpression; it travels instantaneously in time. To make it visible one must fetishize it, enclosing it in an armature (Gretchen Bender), or petrifying it in the texts of computer memory (Jenny Holzer).

The equivalence between forming and informing fosters an appreciation of the media as vehicles for art, means of its continued transit. The media's appearance on the screen of art, however, makes the implausibility and unreality of the art image definitive. In fact, the media may be seen as an "attempt," diffuse and generalized, on the life of everything implicit in art's existential and natural situation. Television, advertising, photography, and cinema have definitively transformed the sign into an object. They have objectified human activities, places, nature itself. They can "sell" any kind of product. After Andy Warhol, and after the brief parenthesis of a nostalgic return to expressionism (a symptom of the fear that the subject is losing its role as protagonist), then, it is no wonder that the American artists of the '70s and '80s dedicate themselves to another implosive moment in this century, the moment in which images produced for consumption are themselves objectified. These artists are preoccupied with returning reproduced images and objects to the analytical schemes of the visual arts. They have managed to bring the visual arts to the same level as industrial products, confusing linguistic terms and exploiting their codes.

The language of the media applies outside any reality, beyond any possible meaning. It trespasses against every form of subjectivity. It is pure scansion, poetic meter without poetic intention. Artists like Dara Birnbaum and Barbara Kruger use video and photographic collage/montage to approach the "unreal reality" of the contemporary universe regulated by this atemporal and transsubjective rhythm, and to focus on significant pulses and impulses within it. They locate the *doublure* in the obsessive repetition of television programs, and in the specification of the immanence of (male) power in mass media culture. In the space between the media's truth and their nontruth, these artists seek to liberate a residue of critical creativity, a knowledge still intimately rebellious against power. Yet it seems inevitable that commodification and its instruments reverse and penetrate the initiatives of life, artistic or otherwise. For years, art set itself in confrontation with the marketplace; today, the marketplace is everywhere. The last residue of creative consciousness has dissolved. There is no longer any real "alternative," but only self-preservation. What matters, to cite Roland Barthes, is that "the alternative appear not beyond the everyday, but within it."

In recent years, with artists like Jeff Koons and Haim Steinbach, the everyday, its banal icons constituting its own kind of sublimity, has become the privileged moment of art. Continuing in the implosive tradition from Duchamp to Warhol, a new avenue of creation has opened up through consumerism and the object of consumption. It runs among commodities and, recalling Benjamin, convincingly reminds us that "the other and the different, that is, the universe of noninstrumental rationality and interaction, is present in everyday life." Accordingly, the uncovering of this universe cannot take place in the spontaneous expressionist space of recent returns to a hallucinatory, savage kind of painting.

Nor can it occur in the illumination of oppositional thought. The choice is only to lose, to simulate the total destruction, the complete disappearance, of creation, and to replace it with the presentation of the readymade artifact, to maintain a minimum of critical discourse that passes—and this, perhaps, is an illusion—as "decontextualization." But this kind of tactic, which might have worked at the beginning of the century, today only maintains the status quo. It creates a short circuit, and underlying it is art's implosion.

August 1987   Translation: Meg Shore

50. SHERRIE LEVINE:
After Edgar Degas. 1987
Efter Edgar Degas

Bilder och symboler *för* kvinnan
kan inte isoleras från de bilder och
symboler som *är* kvinnan ... Det är
representation, representationen
av den kvinnliga sexualiteten som
bestämmer hur den sätts i spel.
                    Jacques Lacan

Images and symbols for *the woman*
cannot be isolated from images
and symbols of *the woman ... It is*
representation, the representation
of feminine sexuality ... which
conditions how it comes into play.
                    Jacques Lacan

tets fundamentala klyvnad: "Den varande splittras på ett märkvärdigt sätt mellan sitt vara och sitt sken, mellan sig själv och den papperstiger den visar upp för den andre... Den varande ger av sig själv, eller mottar från den andre, något som liknar en mask, en sköld..."[17] eller, skulle vi kunna säga, en rustning, vilket erinrar om spegelstadiet som ett föregripande av "den alienerade identitetens... rustning"; Lacan beskriver den klyvnad som uppstår då jaget antar en bild och konstituerar sig genom just den process i vilken det framställer sig på det sociala fältet. (På andra ställen säger han att signifianten har till uppgift att "förstena subjektet i samma rörelse varmed den kallar subjektet till att fungera, att tala, som subjekt.")

Det Lacan skildrar är hur Varat blir Representation,[18] ty blickfältet tillträds genom "gesten som framvisad rörelse", dvs. framvisad för den Andre, i ett uppvisande (*donner-à-voir*). Och det är just denna erfarenhet av världen konstituerad som representation, som utövar sin verkan på vår samtida bild-värld, med dess socialt kodade repertoar av poser som intas av subjektet som själv-representation. Dessa hållningar är emellertid inte, som vanligen föreges, en utvändig mundering på identiteten, utan i stället förklädnader som döljer en fundamental icke-identitet: de är påminnelser om subjektivitetens inneboende ofullständighet: "Det är såtillvida som allt mänskligt begär är grundat på kastrationen som ögat antar sin virulenta funktion..."[19] (Lacan frammanar genom hela sin diskurs en etymologisk härledning av onda ögat eller *fascinum* från latinets *fascinus*, förhäxning, eller *amulett formad som en fallos*).

Om än Lacan skulle erinra oss om att alla subjekt är avhängiga i kraft av deras ofullständighet ("Förhållandet till fallos uppställs oberoende av könens anatomiska skillnader") råder ingen tvekan om att vårt samhälle pålägger kvinnan det största ansvaret att framställa sig som bilder att betrakta. Denna feminina "roll" bekräftas i Laurie Simmons fotografier, där kvinnliga gestalter, de må vara stiliserade dockor eller levande modeller, alltid ges manligt bestämda positioner; de placeras mot eller i byggnader eller interiörer som undantagslöst är "falliska" till sin struktur. När Simmons låter sina figurer vända blicken mot en rad berömda monument, som i serien med den betecknande titeln *Tourism*, är det sålunda i syfte att re-presentera representationen av kvinnan i ett sammanhang som utesluter henne, på samma sätt som konstnärens spel med stereotyper är en ex-position av hur jaget konstitueras i bilder, i sken eller förklädnad. Simmons arbetar med idealiserade bilder av kvinnlighet, därför kan det som är centrum för hennes uppmärksamhet stå i förbindelse med definitionen av det kvinnliga som förställning, som maskering, som antagande av fel identitet.

Föreställningen om det kvinnliga som en mask som döljer en icke-identitet antyddes av Nietzsche, som 1886 skrev att "kvinnan inte skulle ha sin fallenhet för grannlåt om hon inte hade instinkt för *andrahandsrollen*."[20] På senare tid har Lacan, i Joan Rivières efterföljd, utsträckt föreställningen om maskering som kompensation och förtäckning: "För att bli fallos, dvs. signifianten av den Andres begär, tillbakavisar kvinnan en väsentlig del av sin kvinnlighet, alla dess attribut, genom maskering."[21] Åter är det fråga om en spegel för det manliga och åter är det fråga om att "framträda", visa upp, *donner-à-voir*, av "ingripandet av ett 'tillsynesvarande' som ersätter ett 'varande' för att bevara det å ena sidan och maskera dess brist å den andra..."[22]: all raffinerad kvinnlig försköning och konstfullhet är en form av uppvisning eller falliskt skådespel. Maskeringen uttrycker "kvinnlighet" och understöder därmed Kvinnans bytesvärde (som Luce Irigary har kommenterat lägger kvinnan en mask "för att hålla sig kvar... på marknaden"[23]). Men i detta framträder en paradox som Stephen Heath noterat: "Maskeringen är en representation av kvinnlighet, men kvinnlighet är just representation, representation av kvinnan."[24] (Heath alluderar här på Lacan: "Bilder och symboler *för* kvinnan kan inte isoleras från de bilder och symboler som *är* kvinnan...".) Lacan påvisar emellertid att maskeringen av det kvinnliga har sitt komplement i den manliga uppvisningens *parad*, som består i ett förfäktande av fallos för att ge stöd åt illusionen av att besitta den. Till vilket psykoanalytikern Eugénie Lemoine-Luccioni tillägger: "Om penis vore fallos, skulle män inte ha behov av vare sig fjädrar, slipsar eller medaljer... Uppvisningen (*paraden*) röjer således, liksom förställningen, en spricka: ingen besitter fallos."[25]

På detta sätt visar oss Lacan att våra manliga respektive kvinnliga identiteter är illusioner: sexualitet är blott ett spel med tecken, med masker (resulterande i, noterar han, att "de ideala eller typiska yttringarna av beteende hos båda könen... drivs upp i rena komedin").

De mer komiska sidorna hos denna process är uppenbara i Cindy Shermans arbeten, där myriaderna av poser, som samlats ihop av alla stereotypa framställningar i film, tv, reklam och noveller, utgör bilder av jaget såsom uppbyggt av den Andre; de framställer ett jag som finns till för att bli sett, och, mer exakt, för att ses från en manlig position. Medan Sherman bokstavligen kan låta uppföra maskeringen vägrar hon emellertid att bekräfta dess manliga imperativ (och att därvid stadfästa manliga intressen) genom att tillhandahålla någon fixerad bild, någon lugnande känsla av säkerhet, någon beständig återspegling av Kvinnan.[26] I stället kan Shermans härmningar tolkas som en vägran till identitet, ty det hon lägger fram är både mångfaldigt *och* i rörelse.

Det feministiska tillbakavisandet av identiteten kan, som jag beskrivit i ett annat sammanhang, kopplas till en mer allmän problematisering av referensen, vilket accentuerar inte meningens immanens i förhållande till dess objekt utan den instabilitet som kommer av att den är språkligt producerad. En sådan syn på meningen som samhälleligt producerad konfronterar den västerländska metafysiska föreställningen om närvaro (den "härskande" ideologins hörnsten), genom vilken varje fråga om meningen hos olika representationer oundvikligen förs tillbaka på en enda grundläggande närvaro som antas lokaliserad före dem i en auktoritativ position.[27] Inom detta system är all mening därigenom oföränderligt till genom och för det konstitutiva subjektet; därav tron att representationen bara upprepar eller re-presenterar en mening som föregår den (en föreställning som emblematiseras av en modernistisk bild: det betecknande som det betecknades transparenta spegel). Det postmoderna tänkandet har emellertid betonat språkets förmåga att senarelägga, uppskjuta, identiteten och uppmärksammat hur språkets "sanning" och självklarhet alltid eroderas av de relationer som upprätthålls mellan former och representationer i varje interdiskursivt nätverk; meningen är inte avslutad utan öppen. Och på det sättet lär oss det postmoderna tänkandet att vara varse de materiella villkor som omger varje text. Här måste vi fästa uppmärksamhet vid Louise Lawlers arbete – där själva vår föreställning om det konstnärliga "verket" utmanas genom betoningen av dess beroendeförhållande till institutionella meningsskapande faktorer. Lawler's "arrangemang av arrangemang" – fotografier som visar konstverk så som de uppvisas privat, kommersiellt eller institutionellt – utforskar vilken roll placeringen och positionen har för meningsproduktionen; hur verket inskriver sig samhälleligt. Meningen kommer inte inifrån, påstår hon, utan utifrån. Inte heller är den fixerad, utan föränderlig, kulturell, historiskt formad. Och i detta ifrågasättande av meningens autonomi finner vi en dolk riktad mot en grundsats i västerländsk estetik: att konstverk är enhetliga strukturer, beständiga ting, "uttryck" för det kreativa subjektet.

Att utmana meningens autonomi är liktydigt med att utmana subjektets autonomi – och som filosofen Jacques Derrida har visat oss är illusionen av subjektets privilegierade ställning på samma sätt en funktion av en ram ("det som är betecknat som det centrala, det ursprungliga eller transcendentala, är", skriver han, "aldrig helt närvarande utanför ett system av skillnader".)[28] Derrida skriver att privilegierandet av subjektet till Ursprung är endemiskt för det västerländska samhället och han beskriver därför vår humanistiska kultur som ett logocentriskt tillslutande, baserat på ordets och talets företräde. Derrida vänder sig gentemot hela den representationsordning som tryggar subjektets kategori och angreppet i hans analys riktar sig därför mot våra binära oppositioner, såsom positiv/negativ, natur/kultur, inre/yttre osv., i vilka den första termen utmärks som överlägsen, som privilegierad, som den som besitter närvaro och därför tillhör logos. Derrida visar att sådana oppositioner tjänar till att göra identitet och referens orörliga och därmed förankra och centrera subjektet genom att i det utpeka ett fast fundament. Mot denna process sätter han upp *différance*, den oupphörliga avdrift, "differering" och ständigt uppskjutande, senareläggande, rörelse i språket som bjuder motstånd mot de hierarkiska oppositionernas makt. (*Différance* betecknar, skriver Derrida, obestämbarhet, ett "oavslutat svävande som inte ger den betecknade meningen någon ro, någon vila...",[29] det skiljer sig från skillnad, "difference" – utpekandet av oppositioner – i det att "*a* i *différance* anger en obestämbarhet vad gäller aktivitet och passivitet, det kan ännu inte grundsättas och organiseras av denna opposition".[30]

För Derrida är logocentrismen, såsom den humanistiska kulturens fundament, likvärdig med *fallogo*centrism. Det handlar här, hävdar han, om präglingen och upprätthållandet av (fallisk) auktoritet; herraväldet blir därför en överskridande och metabegreppslig drivkraft, grundläggande för västerländska former av egendom och ägande. Men Derrida talar

för en utspridning av subjektiviteten i ett rum för representation som inte längre utgör rum för den falliska bekräftelsen, dvs. inte längre är rum för den mening som konstitueras genom och för subjektet. Med en omformulering av samlingsmetaforen för litterär produktion, där pennan/penis skriver på den "jungfruliga" sidan, ger Derrida bilden av hur den överskridande signifianten misslyckas med att efterlämna en prägling som mening; som Gayatri Spivak har uppmärksammat är Derridas "hymen" eller jungfruliga mark "den ständigt veckade (och därför aldrig ensamma eller enkla) rumslighet i vilken pennan kringsprider sin sådd".[31] (Spivaks formulering är välvald: det som är "veckat", aldrig ensamt och således mångfaldigt, kan aldrig vara transparent.) Derrida spelar på förhållandet mellan "semen" och "semantik" och anger en sådd som inte är *in*semination utan *dissemi*nation; inte ett investerande av mening, utan ett skingrande av "sådd som spills förgäves, ett utgivande som inte kan återvända till sitt faderliga ursprung"[32] i ett bekräftande av upphovets rättigheter. Meningen fixeras, upprättas, objektifieras aldrig som "produkt", utan uppskjuts, senareläggs, oupphörligen: som Derrida skriver omintetgör denna mångfaldiga veckade rumslighet "herraväldets självtillräcklighet".[33]

Derridas framställning negerar givetvis metaforiskt äktenskapets fullbordan; liksom den visar på att subjektets enhet inte kan säkras av någon representation, förnekar den könens förmenta komplementaritet (Lacan: *Det finns ingen sexuell relation*). Det ruckar på de oppositionella termer som uttrycker könsskillnaden och på vilka privilegieringen av det manliga beror – ett tillbakavisande av oidipal ordning vilket, som Jacqueline Rose visar, har varit viktigt för feminismen.[34] Men man bör här uppmärksamma att Derridas "ursprungliga" metafor stammar från konstnärerna. Till exempel hänvisar Burgin i *Gradiva* (1982) bokstavligt till skrivandets falliska "scen", medan Barbara Kruger i sitt övertagande av skapelsescenen från Sixtinska kapellet (*Utan titel*, *You Invest in the Divinity of the Masterpiece*, 1981) åskådliggör metaforen av den skapande handen/penseln/pennan en transaktion mellan far och son. Att skapelsen är en rättslig såväl som teologisk "konception" blir tydligt i Sherrie Levines tidiga fotografiska arbeten, där tillbakavisandet av upphovsmannaskapet är just, som Owen kommenterat, "ett tillbakavisande av de faderliga rättigheter som lagen tillskriver ett konstverks upphovsman".[35] Men den djupaste innebörden av sådana inskrivningar av det manliga begäret kommer till uttryck i *Here and There* (1986), en installation av Kolbowski där undertryckandet av kvinnan bara är ett led i det västerländska imperialistiska mandatet att behärska och kontrollera. ("Gränsen som går mellan de bägge könen" är också, som Lyotard har fastställt, "den gräns där Imperiet kommer i kontakt med barbarerna"[36]: Erövring är en *funktion* av åtskillnad.) Ty vad detta flerdelade verk riktar sig mot, med sina bilder från mode och annan tidningsreklam sida vid sida med skrivna texter, är den manliga ivern att bemäktiga sig och kuva det Andra, att på så vis förvandla en koloni/ett land/en kontinent till en spegelbild av jaget. Kolbowski tar så upp maskeringen i det uttryck den får genom kapitalistiska reklamdirektörer: "Vad ser du", frågar hon, "när du ser tecknen hos en kvinna från tredje världen inskrivna över kroppen på en västerländsk kvinna?" Hon varnar oss både för att en sådan annektering genom pådyvlande av mening förutsätter bestämmande över det Andra, och för att dess utsträckning är utan gräns: "För det paternalistiska västerlandet "är *Here* ett sätt att känna sig hemma . . . *Everywhere*". Genom hennes spel med oppositioner kan hon påminna oss att makt alltid är en funktion av position, ty det som är "här" är oföränderligt . . . närvarande/närvaro.

I en tid då de multinationella bolagens världsomspännande reklamkampanjer hotar att utjämna skillnaden och reducera det Andra till upprepning av det Identiska är sådana verk hälsosamma uppfordringar att vara varse sådana fenomens alienerande verkningar. ("Att imitera", skriver Lacan om den underställde (*the subjected*), "är att infogas i ett handlande i vilket man fasthålls.") Det kan emellertid vara riktigare att säga att den postmoderna praktiken tvingar oss att undersöka maktens rörelser då den invaderar förment neutrala verksamheter – skrivande, representation, formande, betraktande – vilket kräver att vi intar en ståndpunkt. Det auktoritäras pålagor fordrar idag vår uppmärksamhet. Det postmodernas uppgift måste således betraktas som historisk – kanske själva det historiska problemet för det sena nittonhundratalet.[37] Vi har blivit medvetna om vår brist på helhet: vi måste ta under omprövning de strategier med vilka vi skulle kunna återfordra den.

Översättning: Magnus Florin och Ulf Olsson

Noter

1. En av de mer upplysande diskussionerna av detta är Craig Owens "The Discourse of Others: Feminists and Postmodernism", i Hal Foster, *The Anti-Aesthetic* (Port Townsend 1983), s. 57–82.

2. För en detaljerad behandling av detta ämne, se min "Representation and Sexuality", i *Parachute*, nr 32 (hösten 1983), s. 12–23; omtryckt i Brian Wallis (red.), *Art After Modernism: Rethinking Representation* (New York 1984), s. 390–415.

3. Min diskussion här bygger på Jacqueline Rose, *Sexuality in the Field of Vision* (London 1986).

4. Sigmund Freud, *Three Essays on the Theory of Sexuality* /1905/, Standard Edition, övers. James Strachey (London 1962), vol. 7, s. 220.

5. Luce Irigaray, *Speculum of the Other Woman* (Ithica 1985), s. 48.

6. Jacqueline Rose, i Juliet Mitchell, Jacqueline Rose (red.), *Feminine Sexuality. Jacques Lacan and the école freudienne* (New York och London 1982), s. 41.

7. Jane Gallop, *Reading Lacan* (Ithica 1985).

8. Norman Bryson, *Tradition and Desire. From David to Delacroix* (Cambridge och New York 1984), s. 107–110, *et passim.*

9. Jacques Lacan, *Ecrits: A Selection* (övers. Alan Sheridan, New York 1977), s. 4.

10. Craig Owens, "Posing", i Kate Linker (red.), *Difference: On Representation and Sexuality* (New York 1984), s. 12.

11. Victor Burgin, *The End of Art Theory* (Atlantic Highlands 1986), s. 17.

12. Se Burgin, "Photography Fantasy, Function", i Burgin (red.), *Thinking Photography* (London 1982), s. 177–216.

13. Roland Barthes, "Diderot, Brecht, Eisenstein", i *Image-Music-Text* (New York 1977), s. 68–69.

14. Se Owens, "Sherrie Levine at A & M Artworks", *Art in America*, 70, 6, (sommaren 1982), s. 148 – se även "The Discourse of Others", s. 73.

15. Lacan, "What Is a Picture?", i Jacques-Alain Miller (red.), *The Four Fundamental Concepts of Psycho-Analysis* (New York and London 1981), s. 118.

16. Ibid., s. 106.

17. Ibid., s. 107.

18. Jag stöder mig här på Brysons tolkning.

19. "What is a Picture?", s. 118.

20. Friedrich Nietzsche, *Jenseits von Gut und Böse*, 1886, eng. övers. *Beyond Good and Evil* (Harmondsworth 1973), s. 84.

21. Lacan, "The Meaning of the Phallus", i Feminine Sexuality, s. 84.

22. Ibid., s. 84.

23. Luce Irigaray, *Ce sexe qui n'est pas un* (Paris 1977), s. 131–132.

24. Stephen Heath, "Joan Rivière and the Masquerade", i Victor Burgin, James Donald and Cora Kaplan, *Formations of Fantasy* (London and New York 1986), s. 53.

25. Eugénie Lemoine-Luccioni, *La robe* (Paris 1983), s. 34.

26. Owen har poängterat detta, se "The Discourse of Others", s. 73–75.

27. För ett klargörande av denna fråga, se Burgin, *The end of Art Theory*, s. 32–33.

28. Jacques Derrida, "Structure, Sign and Play", i Richard Macksey och Eugenio Donato, *The Structuralist Controversy* (Baltimore 1982), s. 249.

29. Derrida, *L'Ecriture et la Differance* (Paris 1967), eng. övers: *Writing and Differance* (Chicago 1982), s. 42/25.

30. Derrida, *Positions* (Paris 1972), eng övers: *Positions* (Chicago 1981), s. 39–40, 28.

31. Gayatri C. Spivak, "Translator's Preface", i Spivaks övers. av Jacques Derridas *De la grammatologie* (1967), *Of Grammatology* (Baltimore, 1976), s. lxvi.

32. Ibid, s. lxv.

33. Derrida citerad av Spivak, ibid., s. lxvi.

34. Se inledningen till *Sexuality in the Field of Vision*, s. 20–21.

35. Owens, "The Discourse of Others", s. 73.

36. Jean-François Lyotard, "One of the Things at Stake in Women's Struggles", *Substance*, 20 (1978), s. 15.

37. Min formulering kommer ur en läsning av Andreas Huyssen, *After the Great Divide. Modernism, Mass Culture, Postmodernism* (Bloomington och Indianapolis 1986).

WHEN A ROSE ONLY APPEARS TO BE A ROSE:
FEMINISM AND REPRESENTATION

In the last few years the intricate relationships of contemporary theory and art practice have brought forth a burgeoning of terminology—and inserted multiplicity in apparently stable terms. "Representation", once the most secure word in our esthetic lexicon, has been bandied about, asserted—and interpreted at least three times over. Thus, superficially conceived as the opposite of abstraction, representation has been equated with figuration—and brought an abundance of bouncing bodies back into the arena of art. In a more disciplined manner, the term has been invoked in a critique of laguage's inability to re-present reality, mimetically reproducing its referent. But another reading, not unrelated to the latter, has attended to representation's ability to construct reality, thereby reversing the conventional opposition between object and image. Attending to the obvious—that since reality can be known only through the forms that articulate it, there can be no reality outside of representation—it has primed awareness to the discursive production of reality, and to the diminution of the powers of the artist/subject that this entails. It is this latter view of representation, as well as its radical implications for theories of subjectivity, that I want to address in these pages.

In approaching this reading of representation, however, I am invoking a key issue of postmodernism, for postmodernism has been characterized by a shift from the modernist theme of the subject of production to concern with the production of the subject. In a broadly publicized manner, recent thought has focused on the subject's "decentering" by language, thereby toppling the sovereignty of the controlling self that was fundamental to modernist ideology. There are a number of factors in this process, not the least of them the rise of an extensive media society which has demonstrated the limits of self-expression (and, with it, the restrictions of liberal ideology). But if postmodern thought has attended to the growth of this universe of signs, it has done so to expose the tyrranical mastery of social discourse, as it legislates, defines, empowers. For if representation is constitutive of subjectivity, it implicitly *subjects*.' ①

Recent theoretical activity has, in consequence, focused on subjectivity as an "effect" of representation, as a product of codes authorized and empowered by the Western social apparatus—a focus that is responsible for postmodernism's distinctly political cast. But what I want to address here is the role of this work in confronting a notorious absence in cultural theory—the question of sexuality.[2] It has been argued ② that what we know as sexuality is only produced in and through representation and that the apparatus of representation in Western society invariably converges on, or privileges, the centered, unitary (masculine) subject. Recent work has examined the way in which the discursive forms of dominant society (including those of supposedly neutral institutions) address their spectators as gendered subjects, at once positioning and constructing identity and securing patriarchal organization. What is at issue in these debates, then, is a critique of patriarchy (which, as Freud noted, is equivalent to human civilization). But the purpose of this activity is not to describe or catalogue the procedures of such oppression, for to do so would merely reproduce the conditions of an existing situation, leaving untouched the ideological structures of which discrimination is but a symptom. Instead, it is with the aim of understanding the construction of sexed subjectivity in language so as to disarm the arbitrary privilege of phallocentric order that recourse has been made to the theoretical priming of psychoanalysis.

But to psychoanalysis of a very particular kind—one which, as I have written elsewhere, refuses the humanist assumptions of American ego-psychology, which conceived of a potentially unified subject channelled, through analysis, into conformity with society's codes, and moored to the underpinnings of genital identity. For the political importance of the recent "return to Freud" (or, more specifically, to Freud as re-read by Lacan) lies in the stress it places on the subject's division, its *in*coherence, and its fundamental resistance to the arbitrary imposition of sexual identity. For Freud the mark of that division was the unconscious—a sign, we might say, of the failure of identity[3] (and, hence, of the ③ failure of the fictions of idealism nurtured by bourgeois "individualism"). And the mark of its precariousness was bisexuality. It was Freud's genius to describe masculinity and femininity not as pre-given or biological identities, as in the somatic model, but instead as psychological *categories*, constructed in conformity with the values specific to patriarchal society. And the political importance of his concept of the unconscious lies in the focus it places on a problematized subjectivity, which always exceeds the determinations of social law.

Throughout Freud's texts sexuality is described as an ordering or assignment, one that is always attained through the mediation of signs. Lacan's contribution was to extend Freud's analysis of the construction of these socio-sexual categories, using the sciences of linguistics and semiotics that were unavailable to him: hence his focus that human sexuality is constructed through interpersonal relations or language and, in consequence, cannot be understood outside the symbolic structures that articulate it. Lacan drew Freud's refutation of the terms "masculine" and "feminine" in favor of active and passive relations, connecting sexuality to the *situation* of the subject. In this manner, sexuality is seen to be a function of the direction of the drive, which oscillates, within individual history, between both "places". In a footnote appended to *Three Essays on the Theory of Sexuality* in 1915, Freud remarked that observation showed

> ... that in human beings pure masculinity or femininity is not to be found either in a psychological or a biological sense. Every individual on the contrary displays a mixture of the character traits belonging to his own and to the opposite sex, and he shows a combination of activity and passivity whether or not these character traits tally with his biological ones.[4] ④

Hence "pure" masculinity and femininity can only be conventionally assigned, as meanings determined *by* the social order.

Freud's association of sexuality with the position of the subject has tremendous implications for ideological analysis insofar as it has been noted that all representations place their subjects in active or passive relations to meaning (Lacan: "a signifier always represents the subject for another signifier"); hence sexuality would appear to be in constant production (and, therefore, in perpetual instability) across discourse. However, most representations in our society reproduce established positions, leading to the internalization of norms. Searching the key to the formation of gender identity, Freud and Lacan were to find it in the absence or presence of the penis, noting that in a crucial moment prior to the Oedipal state, the child's look establishes its mother, or another, as incomplete, as lacking the masculine organ and, hence, inherently "less than" the male. Woman's castration

within the patriarchal order thus depends on a sighting, reflecting the privilege accorded to vision over other senses; as Luce Irigaray has written, *"rien à voir équivaut à n'avoir rien"*[5] (a statement that also hints at the eye's ability to "master" its objects, to reduce them to in-significance). However, this perception of anatomical difference is only important insofar as it already has meaning within a structure, within a particular formation of sexual difference. The cultural formation of patriarchy prescribes sexual positions in advance, defining the penis as that to which value accrues and its absence as . . . lack. Thus sexuality is only a relationship within a set of oppositions in which one term is privileged.

Freud's thought was extended by Lacan, who described the penis as a physical stand-in for the phallus, the privileged signifier (or signifier of privilege) in our society. In his system, the phallus is the mark around which subjectivity, social law and the acquisition of language turn; human sexuality is assigned and, consequently lived, according to the position one assumes as either having or not having the phallus and, with it, access to its symbolic structures. In his work the notion of the look is rewritten to establish the possession or lack of the penis as prototypical for language as the play of presence and absence, as differential articulation. Within this structure, the phallus assumes the role of a signifier, or bearer of meaning, in relation to its absence, to lack. The latter position is occupied by the girl-child, who can thus be said to hold a genderspecific, and inherently problematic, relation to language in the phallocentric order.

Lacan's observations can help us explain the profusion of "images of women" in our society: excluded "by definition" from the order of language, women do not represent but are, instead, represented (and always, of course, as the image of masculine desire). However, the main import of Lacan's teaching is to indicate that sexuality is not a "natural" identity or absolute signified but, instead, the *effect* of a signifier, derived from external social determinations. Lacan described sexuality as imposed on the subject—arbitrarily and, we shall see, at a cost—through the exactions of a law that he termed the Symbolic. Throughout his work the Symbolic is defined as operating in the Name-of-the-Father, thereby insuring the perpetuation of patriarchal ideology; as Jacqueline Rose has commented, "it is essential to . . . [Lacan's] argument that sexual difference is a legislative divide that creates and reproduces its categories."[6] Each individual must place itself on either side of this divide, assuming an indentity as "he" or "she" that serves to represent its sexuality: one cannot be a subject other than through subjection. Hence Lacan will stress, as he does throughout his writing, that the Symbolic is "constitutive" for the subject.

The foundation of Lacan's theory is that sexuality is formed through divisions whose repressions comprise the unconscious—a notion that may underly the political value that recent theory attributes to the unconscious as resistance to the Law. The formulation may be phrased differently by saying that meaning (or a "place" in patriarchal structure) is attained only at the price of loss, thereby eroding our Western faith in the self-sufficiency of the individual. Lacan, following Freud, illustrated this principle through the exactions of the Oedipus complex, in which the initial bisexual drives of the child were channelled into the polar structures of adult sexuality, insuring heterosexual identification. According to this formula, "normal" sexuality involves the surrender, under threat of castration, of the child's original desire for the mother (which is equivalent, in fantasy, to having the phallus that is the object of the mother's desire); the incest prohibition instituted in the Name-of-the-Father acts to break up the "natural" dyad and, with it, the illusion of sexual completeness characteristic of this "phallic" phase.

According to a successful Oedipal resolution, each child will choose as love object a member of the opposite sex and identify with one of the same. Therefore, castration consists in the surrender of satisfaction that is *necessary* to assume sexual identity (which indicates, Lacan asserts, that no one has the phallus: every "one", every subject, is partial as a condition of its subjection.) And it is in lack, the effect of a primordial absence, that Lacan bases the instigation of desire, which is distinguished from want in that its satisfaction can never be attained.

Phallic castration is but the central instance of this subjection to external law, for division and loss thread their way through subjectivity. Thus, Lacan locates a prime site in the infant's entry into the order of language, in its transition from a world of language to one of objects ordered by words. Again, it is a question of presence and absence: It is only through absence, through the loss of the object (or, we might say, the experiential plenitude associated with the maternal body) that re-presentation can occur. Representation, then, is loss, is lack, and with it is initiated the play of desire—a movement whose psychic implications are confirmed by the modernist valorization of im-mediacy, of plenitude, of an (impossible) unity of signifier and signified. Lacan encapsulates the relations structuring subjectivity in a series of terms, designating as the Real that unattainable immediacy that eludes the hold of the Symbolic, the order of language and representation, and whose return is conjured, through fantasy and projection, in the Imaginary.

Throughout his writing Lacan returns to the subject's circling around this fantasy of unity, emphasizing the subject's divided and uncohesive status, its fundamental dependency on the signifier. And, in a manner with bearing on contemporary feminist practice, he emphasized the many strategies by which the masculine order employs Otherness, or complementarity, to secure a wholeness denied by the partiality of subjecthood (the early photographic work of Silvia Kolbowski and Connie Hatch are relevant examples here). But Lacan insists that the self lacks a point of Truth or ultimate meaning to which it might appeal to heal division: there is no Other of the Other, he states. And he would stress that division permeates even that fundamental of Western consciousness by which we think of ourselves as "selves".

Lacan's writings, indeed, contain an extended "reflection" on specularity, or the relations entertained between the subject and mirrors. If this view invokes a classic image of Modern thought, it is important to indicate that his approach to mirroring diverges from the conventional view that the mirror reflects an already constituted self, reproducing its faithful "likeness." For Lacan treats the self conceived as an identity, or organized entity, as an *imitation* (and in consequence, a construction) of the cohesiveness of the mirror image. Thus, in a text entitled "The Mirror Stage as Formative of the Function of the 'I'," Lacan addresses the phase, occurring between the ages of 6 and 18 months, in which the infant child perceives its reflection in a mirror as an independent and totalized image. This first view of the self as unified—integrated, rather than in bits and pieces—will provide the basis for future identifications (Lacan: "this form will be the rootstock . . . of later identifications . . ."), that is, it furnishes a prototype for the scope of images that will be *assumed* by the self. But Lacan stresses that such unity is illusory, a multiple fiction (" . . .this form situates the instance of the ego, before its social determinations, in a fictional direction . . ."); on one hand, it covers or masks the infant's fragmentation and lack of coordination in the wholeness of an image, just as the very image that places or locates the child cleaves its identity in two, into self and objectified other. And, on the other hand, this specular self is conferred on the child thorough the mediation of a third

190

term, the mother, an other, whose presence alone confers meaning, insuring its reality. In holding the child, the mother "grants" an image to the child in a process of "referring" that erodes the supposed unity of the subject. Thus, the mirror stage indicates the price of social existence: the subject can only be inserted into an order external to itself (or "represented" within the matrix of social communications) at the cost of its division.

The mirror stage is important to Lacan because it reveals the fictional nature of the "centered", "whole" subject, showing the totalized image of our first recognition to be a falsity, a mis-prision or mis-take. It is the decisive moment, for the subject as for Lacan: perhaps all of Lacan's writing (as Jane Gallop suggests) may go to indicate that the self is an illusion done with mirrors.[7] But Lacan is not concerned here ⑦ with the plenary aspects of the mirror, but with its alterity, with the gap induced by this and other orderings between the subject and its experience of itself. For, as Norman Bryson has remarked, the view reflected back to the child presents it as located within a space or field whose dimensions it cannot see: the rays or lines that constitute the mirror image can be mapped to a point of convergence behind the subject and (implicitly) in a position of sovereignty over it. Hence, this first image of the self as totalized is an image of it as seen *by* others and *for* others (which, Bryson suggests, involves a displacement: henceforth the child can only think of itself as centered by *decentering*, by submission to an image of itself "as . . . seen from a place the child cannot occupy"[8]) From ⑧ this point on the child will only derive its identity by identifying with others' perceptions of it. Lacan describes the mirror stage as a "drama", one

> whose internal impetus lunges forward from insufficiency to anti-cipation—and which, for the subject <u>captivated by</u> <u>the lure of</u> <u>spatial identification</u>, machinates the succession of fantasies which go from an image of the body in bits and pieces to a form which <u>we will call orthopedic of its totality—and to the armor finally assumed of an alienating identity</u>, which will mark with its rigid structure his entire mental development.[9] [Italics mine] ⑨

"Captivated by the lure of spatial identification . . .": Lacan's theory of vision, as Craig Owens has remarked, is one of the "power of images to arrest us, take us into custody,"[10] in a submission to the constructive efficacy of the ⑩ image of which I shall have more to say momentarily. But it is important to stress that the view of totality induced in the mirror image is but the founding instance of what Lacan terms the Imaginary, that category of images of false unity, plenity or phallic "possession" that are compensations for the exactions of Symbolic law. The illusory coherence it offers has made the Imaginary ideology's aid; indeed, as Victor Burgin has commented, the unity of the individual or "indivisible" subject exists only in and through ideology, which exists in a specular relationship to the subject, offering images of a world "more whole, more free of contradictions"—and, implicitly, more masterable—"than it is in lived experience."[11] That such ideal images form the fantasies ⑪ repeatedly "staged" by popular culture—in advertising, television, film and photography—is obvious; hence the many critical projects by postmodern artists that scrutinize ideology's integrated specular regime. For example, Richard Prince has rephotographed the simulated abundance of travel-and-leisure ads (*Black and White in Color* series, 1982), while Judith Barry, in her videotape *Casual Shopper* (1980), has examined the ideologized consumer seeking personal completeness, and libidinal satisfaction, through the purchase of material objects. Another instance is offered in Dara Birnbaum's video representation, *Technology/Transformation: WONDER WOMAN* (1979), of the fantasy image of televi-

sion spectacle; Wonder Woman may be the phallic Mother, that is, the omnipotent mother, prior to the discovery of her castration.

Many practices, however, have investigated how these fictions of mastery are executed in and through specific apparatuses of representation—an inquiry for which the priming example is film studies' analysis of the structural homologies between screen and mirror. This initiative is evident in Sarah Charlesworth's photographic work, in which glistening laminated surfaces bound by lacquered frames contrive a specular brilliance, creating images of the fascinatory effects we attribute to the photograph's glossy sheen. However, all of these studies are subordinate to a broader examination of the specific construction inherent to the camera which, through a "systematic deception," places the photographer (and, after him, the viewer) in which might be called an *imaginary* relationship to real space.[12] In recent ⑫ years a significant body of theory has addressed the "mastering" role of the photographic apparatus, exploring how the camera's falsifying monocular perspective constructs the viewed scene as subject to the centered masculine position. As Barthes remarked, the gaze always entails both "the act of cutting out (*découpage*) and the unity of the subject in that action;"[13] hence this work is salutary reminder to reconsider ⑬ representation's neutrality—to say nothing of the feigned objectivity of the camera. (We should note, in passing, that what the camera constructs—"natural" or "human" vision—is a specifically Western cultural formation.) A sense of controlling individuality, of mastery through technical, legal and social means, informs the capitalist conquest of nature and, after it, humanity, so it is not surprising to find this perspective inscribed within those very reproductive apparatuses—photography, film and television—that coincide with and support the ideology of capitalism. Sherrie Levine has addressed this political photographic theme; much of her early work features images of Otherness—nature, women, the poor, the insane—as they are mastered and fixed by the masculine "camera eye".[14] Levine's work enacts ⑭ a revolt of the disenfranchised—and suggests that much recent use of photography by women artists may stem from a desire to reclaim this male prerogative.

In Michael Powell's film, *Peeping Tom* (1959), the protagonist/voyeur kills his victims through a weapon attached to his camera—a concrete reference to those "impure" pleasures which, Freud cautioned us, inform looking. And the mortuary aspect of the camera—its ability to immobilize or "still" life—invoke its longstanding relationship to the evil eye. This aspect is alluded to by Lacan in "What is a Picture?", one of the chapters addressed to vision in *The Four Fundamental Concepts of Psychoanalysis* in which he writes that "the evil eye

> is the <u>fascinum</u>, it is that which has the effect of arresting movement and, literally, of killing life. At the moment the subject stops, suspending his gesture, he is mortified. The anti-life, anti-movement function of this terminal point is the <u>fascinum</u>, and it is precisely one of the dimensions in which the power of the gaze is exercised directly.[15] ⑮

The field of vision to which Lacan refers, however, is not that of natural vision but, instead, the scopic field—"what I wish to emphasize is the total distinction between the scopic register and the invocative, vocatory, vocational field"—meaning the social field, the field of vision as it is appropriated or mediated by the sign, that is, by the Symbolic. For what Lacan would emphasize is the fundamental alienation of the subject as its vision is penetrated by a gaze that pre-exists and surrounds it, the inherently social gaze of the Other. In this gaze of alterity, which Lacan terms *petit a*, the individual is

not the subject *of* vision, but the subject *in* vision, the subject who is, most properly, vision's object rather than its cause:

> *In the scopid field, the gaze is outside, I am Looked at, that is to say, I am a picture ... the gaze is the instrument through which light is embodied and through which—if you will allow me to use a word, as I often do, in a fragmented form, I am <u>photo-graphed</u>.*[16]

Thus, contrary to the philosopher's subject, who might be said to constitute and possess his perspective, this "subject who concerns us" is stilled, immobilized—"captured"—in the field of vision. Or rather, we might say, following Lacan, that it is transformed into a screen/mirror/mask so as to ward off the evil eye of the gaze. Describing this process in analogy with the phenomenon of mimesis in nature, Lacan remarks on the fundamental splitting of the subject: "The being breaks up, in an extraordinary way, between its being and its semblance, between itself and the paper tiger that it shows to the other ... The being gives of itself, or receives from the other, something that is like a mask, a shield, ..."[17] (or, we might note, armor, recalling the mirror stage as anticipatory of the "armor ... of an alienating identity"). Lacan is describing the splitting that occurs when the self assumes an image, constituting itself through the very process through which it presents itself to the social field. (Elsewhere he remarks that the signifier serves "to petrify the subject in the same movement in which it calls the subject to function, to speak, as subject.")

What Lacan is describing is the experience of Being becoming Representation,[18] for the scopic field is entered through the "gesture as displayed movement"—displayed, that is, to the Other, in a showing (*donner-à-voir*). And it is precisely this experience of a world constituted as representation that has bearing on our contemporary image-world, with its socially-coded repertory of poses that are assumed by the subject as a means of self-presentation. However, these postures are not, as commonly alleged, the exterior trappings of identity but, instead, masks to conceal a fundamental non-identity; they are markers of the subject's alienation, of its distance from "itself". Or, as Lacan suggests, they are reminders of the partiality inherent in subjectivity: "It is in so far as all human desire is based on castration that the eye assumes its virulent function...."[19] (Throughout his discourse Lacan invokes an etymological derivation of the evil eye or *fascinum* from the Latin *fascinus*, a bewitching or *amulet in the shape of a phallus*).

Although Lacan would remind us that all subjects are subjected, by virtue of their partiality ("The relation to the phallus is set up regardless of the anatomical difference between the sexes") there is no doubt that our society places the major responsibility on women to produce an image to be seen. This feminine "role" is affirmed in the photographs of Laurie Simmons, whose female figures—whether stylized dolls or animate models—are always positioned in masculine terms; they are placed against or in architectures and interior environments that are invariably "phallic" in structure. Thus, when Simmons poses her figures looking towards a suite of famous monuments, as she does in the series significantly entitled "Tourism", it is with the aim of re-presenting woman's representation in an order that excludes her, just as the artist's play with sterotypes ex-poses the self's constitution in images, in semblance and disguise. Simmons works with idealized images of femininity; hence her focus can be allied to the definition of femininity as masquerade, as dissimulation, as the assumption of mistaken identity or costume.

The notion of femininity as a mask to conceal a non-identity was implied by Nietzsche, who wrote in 1886 that "woman would not have the genius for finery if she did not have the instinct for the *secondary* role."[20] More recently Lacan, following Joan Rivière, has extended this notion of masquerade as compensation and cover: "It is in order to be the phallus, that is to say, the signifier of the desire of the Other, that the woman will reject an essential part of her femininity, notably all its attributes, through masquerade."[21] Again, it is a question of a mirror for the masculine and again, it is a question of "appearance", showing, *donner-à-voir*, of "the intervention of an 'appearing' which gets substituted for the 'having' so as to protect it on one side and to mask its lack on the other, ...:"[22] all the elaborate adornment and artifice of femininity is a form of display or phallic spectacle. Masquerade, mimes "womanliness" and, in so doing, supports the exchange value of Woman (As Luce Irigary has commented, masquerade is something women do "so as to keep themselves ... on the market.")[23] But this mainly reveals the paradox noted by Stephen Heath: "The masquerade is a representation of feminity but then femininity is representation, the representation of woman"[24] (Here Heath alludes to Lacan: "Images and symbols *for* the woman cannot be isolated from images and symbols *of* the woman ...") Lacan, however, indicated that the masquerade of femininity has its complement in the masculine display of the *parade*, which consists in the assertion of the phallus to support the *illusion* of having it. To which the psychoanalyst Eugènie Lemoine-Luccioni appends: "if the penis was the phallus, men would have no need of feather or ties or medals ... Display [*parade*], just like the masquerade, thus betrays a flaw: no one has the phallus."[25]

In this manner Lacan would show us that our identities as masculine or feminine are illusions: sexuality is but a playing with signs, with masks (with the result, he notes, that "the ideal or typical manifestations of behavior in both sexes ... are entirely propelled into comedy"). The more comedic aspects of this process are evident in the work of Cindy Sherman, whose myriad poses, garnered from the stereotypical representations of film, television, advertising and story narratives, are images of the self as constructed by the Other; they propose a self that exists to be seen and, more specifically to be seen from a masculine position. However, while Sherman may literally enact the masquerade, she refuses to confirm it masculine imperative (and, thus, to ratify masculine interests) by providing a fixed image, a reassuring certitude, a stable reflection of the Woman.[26] Instead, Sherman's mimicries can be interpreted as a refusal of identity, for what she offers in both multiple *and* mobile.

The feminist refusal of identity, as I have written elsewhere, can be linked to a more general problematization of reference which accents, not meaning's immanence to its object, but the instability that results from its production in language. This view of what we might call the social production of meaning goes against the Western metaphysics of presence (the cornerstone of "dominant" ideology), by which all questions of the meaning of representations are inevitably referred to a singular and founding presence, presumed to be located behind them in a position of authority.[27] Within this system all meaning is invariably by and for this constitutive subject: hence the belief that representation merely replicates or re-presents a meaning that pre-exists it (a notion emblematized by a modernist image: the signifier as transparent mirror of the signified). However, postmodern thought has accented the identity-deferring quality of language, noting that the "truth" or certainty of language is always eroded by the relationships any form or representation entertains with other representations in an interdiscursive network; meaning is not closed, but open. And, in this manner, postmodern thought instructs us to attend to the material conditions surrounding any text. Here we must note the importance of

the work of Louise Lawler, who would challenge our very notion of the artistic "work" by stressing its dependence on institutional factors for meaning. Lawler's "arrangements of arrangements"—photographs showing artworks as they are privately, commercially or institutionally displayed—inquire into the role of placement or position in meaning's production, into the social inscription of the work. Meaning, she implies, comes not from within, but from without. Nor is it fixed, but variable, cultural, a historical formation. And in this questioning of meaning's autonomy we recognize a dagger directed at a tenet of Western esthetics: that artworks are unified structures, enduring objects, "expressions" of the creative subject.

To challenge the autonomy of meaning is tantamount to challenging the autonomy of the subject—and, as the philosopher Jacques Derrida has shown us, the illusion of the subject's privilege is, similarly, a function of a frame ("the central signified, the original or transcendental signified," he remarks, "is never absolutely present outside a system of differences")[28]. Derrida notes that the privileging of the subject as Origin is endemic to Western society, and for this reason he refers to our humanist culture as the logocentric enclosure, based on the priority of word or speech. Derrida's initiative is directed against the whole order of representation that secures the category of the subject, and hence the brunt of his analysis rests on our binomial oppositions of positive/negative, nature/culture, inside/outside and so on, in which the first term is marked as superior, as privileged, as possessing presence and, hence, as pertaining to the logos. Derrida indicates that such oppositions serve to immobilize identity and reference, thereby grounding or centering the subject by designating a fundamental. To this process he opposes *différance*, the incessantly sliding, "differing" and always-deferring movement of language that resists the hold of hierarchical oppositions. (*Différance*, Derrida notes, designates undecidability, an "infinite equivocalness, which gives siginified meaning no respite, no rest, . . .;"[29] it is distinguished from difference—the marking of oppositions—in that "the *a* of *différrance* indicates . . . indecision as regards activity and passivity, that which cannot yet be grounded and organized by that opposition")[30]

For Derrida, logocentrism, as the foundation of humanist culture, is equivalent to *phallogo*centrism. What is at issue, he indicates, is the marking and maintenance of (phallic) authority; hence, he locates mastery as a transcendent and metaconceptual drive, one that is essential to Western forms of property and possession. Yet Derrida would argue for a dispersal of subjectivity across a space of phallic affirmation, that is, no longer the space of meaning constituted through and for a subject. In a rephrasing of the constelling meataphor of literary production, in which the pen/penis writes upon the "virgin" page, Derrida proposes a fable in which the transcedental signifier fails to leave its mark as meaning; as Gayatri Spivak has noted, his "hymen" or virgin terrain is "the always folded (therefore never single or simpe) space in which the pen writes its dissemination."[31] (Spivak's words are well chosen: what is "folded," "never single," and, hence, multiple can never operate as a transparency). Playing in the relationship between "semen" and "semantics," Derrida designates a sowing that is not an *in*semination, but a *dis*semination; not an investment with meaning, but a scattering of "seed spilled in vain, an emission that cannot return to its origin in the father"[32] in an affirmation of authorial rights. Meaning is never fixed, erected, objectified as a "product," but is endlessly deferred: as Derrida remarks, this multiple hymenneal space undoes "the assurance of mastery."[33]

Derrida's fable, of course, metaphorically negates the consummation of marriage; much as it suggests that the subject's unity cannot be secured in representation, so it disclaims the supposed complementarity of the sexes (Lacan: *There is no sexual relation.*) Therefore, it would dislodge the opposed terms of sexual difference on which masculine privilege depends—a refutal of Oedipal ordering which, as Jacqueline Rose indicates, has been forceful for feminism.[34] But attention should be made here of the attention that Derrida's "original" metaphor has received from artists. For example, in *Gradiva* (1982) Burgin has made literal reference to the phallic "scene" of writing, while Barbara Kruger, in her appropriation of the Creation scene from the Sistine ceiling *Untitled, (You invest in the divinity of the Masterpiece), 1981*, exposes the methaphor of the creative hand/brush/pen as a transaction passed down from fathers to sons. That creation is a juridical, as well as theological, "conception" is evident in the early photographic work of Sherrie Levine, whose refusal of authorship, as Owens has commented, is precisely a "refusal . . . of the paternal rights assigned to the author by law."[35] But the broadest implications of such insciption of masculine desire are invoked in *Here and There* (1986), an installation by Silvia Kolbowski, in which the space of feminine subjection is but a term in the Western imperialist mandate to master and control. (As Loytard has stated, "The frontier passing between the two sexes" is also "the border where the Empire comes into contact with barbarians:[36]" Conques is a *function* of division.) For what is addressed in this multipartite work, which juxtaposes images taken from fashion and other magazine advertising with written texts, is the masculine urge to appropriate and domesticate Otherness, transforming a colony/country/continent into a mirror-image of the self. Thus, Kolbowski invokes the masquerade, as it is implemented by capitalist advertising directors: "What do you see" she askas, "when you look at the signs of a Third World woman inscribed across the body or representations of a First World woman?" And she would caution us both that such annexation through the imposition of meaning depends on the determination of an Other, and that its boundaries are limitless: "For the paternalistic First World," she remarks, "*Here* is a way to feel at home . . . *Everywhere.*" Through her play of oppositions she would recall to us that power is a function of position, for what is "Here" is invariably . . . presen(t)(ce).

At a time when the global advertising campaigns of multinational corporations threaten to homogenize difference, reducing Otherness to a repetition of the Same, such work is salutary reminder to consider the alienating consequences of these enterprises. ("To imitate," Lacan has written of the subjected, "is to be inserted in a function whose exercise grasps it.") More "properly," however, postmodern practice forces us to examine the peregrinations of power, as it invades supposedly neutral activities—writing, representing, forming, viewing—all of which require us to take a position. Today, it is the impositions of authority that require attention. Thus, the problem of the postmodern must be seen as a historical one—perhaps *the* historical problem of late 20th-century society.[36] We have become aware of our absence of unity: we need to reconsider the strategies by which we would reclaim it.

Notes

1. One of the more illuminating discussions of this is Craig Owens' "The Discourse of Others: Feminists and Postmodernism," in Hal Foster, ed., *The Anti-Aesthetic*, (Port Townsend: Bay Press, 1983), pp. 57–82

2. For a detailed treatment of this subject, see my "Representation and Sexuality," in *Parachute*, no. 32 (Fall 1983), pp. 12–23; also in Brian Wallis, ed., *Art After Modernism: Rethinking Representation* (Boston and New York: The New Museum of Contemporary Art and David R. Godine, 1984), pp. 390–415

3. My discussion here is drawn from Jacqueline Rose, *Sexuality in the Field of Vision* (London: Verso Books, 1986).

4. Sigmund Freud, *Three Essays on the Theory of Sexuality* (1905), Standard Edition, ed. and trans. James Strachey (London: The Hogarth Press, 1962), vol 7, p. 220

5. Luce Irigaray, *Speculum of the Other Woman* (Ithaca: Cornell, 1985), p. 48.

6. Rose, in Juliet Mitchell and Rose, eds., *Feminine Sexuality. Jacques Lacan and the école freudienne* (New York and London: W. W. Norton and Co. and New York: Pantheon, 1982), p. 41

7. Jane Gallop, *Reading Lacan* (Ithaca: Cornell, 1985).

8. Norman Bryson, *Tradition and Desire. From David to Delacroix* (Cambridge and New York: Cambridge University Press, 1984), pp. 107–110 and *passim*.

9. Jacques Lacan in Alan Sheridan, trans., *Ecrits: A Selection* (New York, W. W. Norton and Co., 1977), p. 4.

10. Craig Owens, "Posing," in Kate Linker, ed., *Difference: On Representation and Sexuality* (New York: New Museum of Contemporary Art, 1984), p. 12.

11. Victor Burgin, *The End of Art Theory* (Atlantic Highlands, N.J.: Humanities Press, 1986), p. 17.

12. See Burgin, "Photography, Fantasy, Function," in Burgin, ed., *Thinking Photography* (London, Macmillan, 1982), pp. 177–216.

13. Roland Barthes, "Diderot, Brecht, Eisenstein," in *Image-Music-Text* (New York: Hill and Wang, 1977), pp. 68–69.

14. See Owens, "Sherrie Levine at A & M Artworks," *Art in America*, 70, 6 (Summer 1982), p. 148; also "The Discourse of Others," p. 73.

15. Lacan, "What is a Picture?," in Jacques-Alain Miller, ed., *The Four Fundamental Concepts of Psycho-Analysis* (New York and London: W. W. Norton and Co., 1981, p. 118.

16. *Ibid.*, p. 106.

17. *Ibid.*, p. 107.

18. I draw here on Bryson's interpretation.

19. "What Is a Picture?," p. 118.

20. Friedrich Nietzsche, *Beyond Good and Evil* [1986] (Harmondsworth: Penguin, 1973), p. 84.

21. Lacan, "The Meaning of the Phallus," in *Feminine Sexuality*, p. 84.

22. *Ibid.*, p. 84.

23. Luce Irigaray. *Ce sexe qui n'est pas un* (Paris, Minuit, 1977), pp. 131–32.

24. Stephen Heath, "Joan Rivière and the Masquerade," in Victor Burgin, James Donald and Cora Kaplan, eds., *Formations of Fantasy* (London and New York: Methuen, 1986), p. 53.

25. Eugenie Lemoine-Luccioni, *La Robe* (Paris: Seuil, 1983), p. 34.

26. Owens has made this point; see, again, "The Discourse of Others," pp. 73–75.

27. For an elucidation of this issue, see Burgin, *The End of Art Theory*, pp. 32–33.

28. Jacques Derrida, "Structure, Sign and Play," in Richard Macksey and Eugenio Donato, eds., *The Structuralist Controversy* (Baltimore: Johns Hopkins, 1972), p. 249.

29. Derrida, *L'Ecriture et la Differance* (Paris: Seuil, 1967), Eng. trans.: *Writing and Difference* (Chicago: University of Chicago Press, 1982), p. 42–25.

30. Derrida, *Positions* (Paris: Minuit, 1972), Eng. trans.: Chicago: University of Chicago Press, 1981), pp. 39–40, 28.

31. Gayatri C. Spivak, "Translator's Preface," in Spivak, trans., *Of Grammatology* (Baltimore: John Hopkins, 1976), p. lxvi.

32. *Ibid.*, p. lxv.

33. Derrida, as quoted in Spivak, *ibid.*, p. lxvi.

34. See introduction to *Sexuality in the Field of Vision*, p. 20–21.

35. Owens, "The Discourse of Others," p. 73.

36. Interview with Paul Taylor, *Flash Art*, Summer 1987.

37. Jean-François Lyotard, "One of the Things at Stake in Women's Struggles," *Substance*, 20 (1978), p. 15.

38. My formulation is indebted to a reading of Andreas Huyssen, *After the Great Divide. Modernism, Mass Culture, Postmodernism* (Bloomington and Indianapolis: Indiana University Press, 1986).

ROBERT SMITHSON:
Monument with Pontoons: The Pumping Derrick
Monument med pontoner: The Pumping Derrick

Människor är inte författare till vad
de berättar, dvs. till vad de gör ... de är
aldrig författare. Vilket inte betyder
att de inte har något att göra! Tvärtom
har de tusentals saker att göra, och de
måste ständigt smida ränker mot det
öde som givits åt dem ... Om de måste
smida ränker är det just för att de inte
är författare till meningen. Man finns
aldrig i maktens autonomi.
       J.-F. Lyotard, *Au juste*, 1979

*Men are not the authors of what they
relate, that is, of what they do .. they
are never authors. Which does not
mean that they have nothing to do!
Quite the contrary, they have
thousands of things to do, and they
must constantly scheme against the
destiny that has been given them ...
If they must scheme, it is precisely be-
cause they are not the authors of the
meaning. One never exists in the
autonomy of power.*
      J.-F. Lyotard, Au juste, 1979

Germano **CELANT**

Kate **LINKER**

Craig **OWENS**

FRÅN VERK TILL RAM ELLER FINNS ETT LIV EFTER "FÖRFATTARENS DÖD"?

Mot slutet av sitt verksamma liv, uttryckte Robert Smithson – som i ett försök att återvinna kontrollen över sin egen produktion hade flyttat sin verksamhet från urbana konstcentra till ett "infernaliskt" postindustriellt landskaps övergivna slagghögar och nedlagda gruvor – ett nytt eller förnyat intresse för konstvärldens värdeproducerande mekanismer: "Målningar köps och säljs", sade han 1972 i en intervju. "Konstnären sitter i sin ensamhet och snor ihop sina målningar, samlar dem och väntar sedan på att någon ska skänka dem värde, någon utomstående källa. *Konstnären kontrollerar inte sitt värde.* Det är så det fungerar." Smithson fortsatte, som om han förutsade utfallet av det följande årets utauktionering av Robert Sculls samling – vilken skulle föranleda Rauschenberg till några ilskna ord om samlarna och handlarna som "profitjägare" (hans *Double Feature*, för vilken Scull betalat 2.500 dollar, såldes för 90.000 dollar): "Vad en målning går för på Parke Bernet är faktiskt någon annas beslut, inte konstnärens, så det finns en uppdelning, på det breda sociala området, värdet har skilts från konstnären, *konstnären har fjärmats från sin egen produktion.*" Smithson förutspådde, efter att sålunda ha motsagt den befästa och utpräglat moderna synen på konstnärligt arbete som icke-alienerat arbete, att konstnärerna i ökad omfattning skulle bli engagerade i att undersöka den konstnärliga produktionens krafter och relationer: "Detta är sjuttiotalets stora och som jag tror växande fråga: utforskningen av den apparat som konstnären tvingas igenom."[1]

En sådan utforskning skulle verkligen – hos Marcel Broodthaers, Daniel Buren, Michael Asher, Hans Haacke och Louise Lawler i deras verksamhet, liksom i skrifter av sådana konstnärer som Martha Rosler, Mary Kelly och Allan Sekula (bland andra) – visa sig bli konstens huvudsysselsättning under 70-talet.[2] Mitt syfte med att citera Smithsons anmärkning är emellertid inte att bestyrka hans förutseende eller försteg framför andra; faktum är att han kom fram till denna slutsats rätt sent, helt visst *efter* Broodthaers och Buren, och möjligen *genom* kontakt med deras verk. Smithsons anmärkning intresserar mig snarare för att den kopplar utforskningen av den apparat som konstnären tvingas igenom direkt till den omfattande krisen beträffande konstnärligt upphovsmannaskap, vilken svepte fram över västvärldens kulturinstitutioner vid mitten av sextiotalet – en kris som döptes efter titeln på Roland Barthes' berömda post mortem "Författarens död". Om författaren, som Barthes framhöll, inte kunde – eller inte längre kunde – hävda sig vara den unika källan till konstverkets mening eller värde, vem – eller vad – skulle då kunna göra det? Min uppfattning är att de senaste tjugo årens konst, ofta kallad "postmodernistisk", trots dess mångfald, kan förstås som ett svar eller en serie svar på denna fråga – också när konstnärerna helt enkelt söker återvinna de privilegier som i vårt samhälle traditionellt tillkommit upphovsmannen.[3]

Mycket av den konst som producerats under de senaste två decennierna har helt enkelt varit upptagen med att registrera hur bilden av upphovsmannen har försvunnit. Man kunde vad det beträffar hänvisa till Giulio Paolini och Gerhard Richter, vilka i sin verksamhet båda *iscensätter* denna händelse, men på påtagligt olika sätt. Hos Paolini figurerar upphovsmannen som ett slags magiker som utför ett borttrollningstrick (*inte* någon *arte povera* konstnärsmagikers alkemistiska konststycke); detta är innebörden av den högtidsklädde gestalten i hög hatt som blir (o)synlig i de senare teckningarna och installationerna. Inte så sällan är denna figur delvis dold: för Paolini fungerar konstverket först och främst som förlåt eller mask för dess frambringare. (Breda gestuella penseldrag – det modernistiska tecknet för konstnärens "närvaro" – täcker i *Hi-Fi*, 1965, inte bara duken utan också pappersdockan vilken står framför den och föreställer konstnären, som därmed *kamoufleras*. Och i *Delfo*, också 1965, ett fotografiskt självporträtt i naturlig storlek, maskeras konstnären av solglasögon och döljs ytterligare av de horisontala och vertikala ribborna från en spännram.) I en serie "Självporträtt" från 1968 bemäktigade sig Paolini självporträtt av Poussin och tullnären Rousseau och framkastade därmed att upphovsmannaskap är en identitet man antar och som uppnås bara genom en komplex serie historiska identifikationer. "Poängen var", vidhöll Paolini, "att subtrahera min egen identitet och i stället anta en som var utvald, historisk och hypotetisk."[4] Och vid "Biennale della giovane pittura" i

Bologna 1970 ställde Paolini ut ett collage utan titel av Picabia från 1917, och bemäktigade sig därmed inte en annan konstnärs bild (av sig själv) utan ett helt verk.

Om Paolini registrerar upphovsmannens försvinnande i individuella projekt, gör Richter det på sin *praktiks* nivå. Individuellt sett är Richter's arbete lika konsistent i sig och av samma kompositionella fasthet som vilket som helst som framställts utifrån en auktoriserande signatur; snarare är det så att Richter, medan han går från fotografiskt härledd "realism" (landskap, porträtt eller stilleben) till abstraktion (monokrom, systembunden eller gestuell) och tillbaka igen, eftertryckligt bestrider de principer om idémässig koherens och stilistisk uniformitet med vilka vi lärt oss att igenkänna en upphovsmans "närvaro" i sitt verk. Som Michel Foucault skriver i essän "Vad är en författare?" (1969), är en av författarfigurens funktioner att "neutralisera de motsättningar som återfinns i en följd av texter. Det som styr denna funktion är tron att det – på en viss nivå av författarens tänkande, hans medvetna eller omedvetna vilja – måste finnas en punkt där motsättningarna upplöses, där de oförenliga elementen kan visas relatera till varandra och hänga samman kring en fundamental eller ursprunglig motsättning."[5] Kritiken har uppenbart besvärats av Richters opålitlighet och därför försökt att lokalisera en sådan ursprunglig motsättning som skulle styra hans produktion; det resonemanget säger emellertid mindre om konstnärens vilja än om kritikernas önskan att ett sammanhållet subjekt ska bära upp – auktorisera ett konstverk.[6]

⑤

⑥

Richters praktik kan i detta avseende jämföras med Cindy Shermans, som "underförstått angriper auteurismen genom att likställa den bekanta konstgjordheten hos skådespelerskan framför kameran med den förmenta autenciteten hos regissören bakom den".[7] Till helt nyligen framträdde Sherman i samtliga av sina egna fotografier, men alltid som en ny figur; de identitetsskiften som konstituerar hennes verks innebörd kan emellertid tydas först på helhetens nivå. Att ställa ut *ett* fotografi av Cindy Sherman är meningslöst, fast hennes verk ofta ställs ut på det viset. Om Shermans praktik påminner om Richters, så återkallar Sherrie Levines "bemäktiganden" från det sena 70-talet och tidiga 80-talet – i vilka hon fotograferade om bilder av fotografer som Edward Weston och Walker Evans, eller ställde ut konsttryck med reproduktioner av t.ex. Franz Marc eller Ernst Ludvig Kirchner – Paolinis bemäktigande av Picabia. Levines *Self-Portrait, after Egon Schiele* (Självporträtt efter Egon Schiele), gjort till documenta VII (1982), tycks verkligen direkt relatera till Paolinis "självporträtt". Att reducera Levines ifrågasättande av bilders ägande till Paolinis undersökning av upphovsmannaidentiteten (eller att reducera Shermans undersökning av upphovsmannaidentiteten till Richters stilistiska heterogenitet) vore emellertid, som genusskiftet i hennes självporträtt visar, att bortse från könsskillnaden. Som Barthes lade märke till är de privilegier som tillkommer upphovsmannen i vårt samhälle utpräglat manliga prerogativ: konstnärens förhållande till sitt verk är som faderns till sina barn.[8] Att producera ett illegitimt verk, ett som saknar Faderns (Lagens) inskrift, kan vara en uttryckligt feministisk handling; och det förvånar inte att Shermans och Levines arbeten saknar den melankoli med vilken Richter och särskilt Paolini registrerar hur upphovsmannens figur försvinner.

⑦

⑧

Det är uppenbarligen otillräckligt att upprepa gamla paroller: författaren har försvunnit; Gud och människan har dött tillsammans. I stället borde vi undersöka tomrummet efter författarens försvinnande; vi borde uppmärksamt utforska dess nya gränslinjer och vad som kommer i stället för detta tomrum; vi borde vänta in de flytande tillstånd som utlöses av detta försvinnande.

Michel Foucault, "Vad är en författare"

Fast författaren är en uttryckligt modern figur så är hans död inte någon postmodern "händelse". Barthes själv spårade den till Mallarmé – till vilket vi skulle kunna foga Duchamps frieri till slumpen eller surrealisternas lek med kollektiva produktionstekniker. För övrigt kan de bägge kandidater Barthes utnämnde till att inta den tomma platsen efter upphovsmannens försvinnande kännas igen som modernister. Barthes första förslag var att det är läsaren eller betraktaren som ansvarar för verkets mening ("Textens enhet", skrev han, "ligger inte i dess ursprung utan i dess destination"); det andra var att det är språket

självt som frambringar verket, dvs. den litterära eller konstnärliga produktionens koder och konventioner ("Det är språket som talar, inte författaren; att skriva är att med opersonlighet som nödvändig förutsättning nå den punkt där bara språket spelar, 'uppträder', och inte 'jag'."[9] Stora delar av modernismens praktik ignorerade eller förträngde ⑨ betraktarens roll i konstituerandet av ett verk; och modernistiska konstnärer firade ofta verkets fullständiga konventionalitet som (tecknet på) dess absoluta originalitet.[10] Även om ⑩ mycket av den senaste konsten och kritiken har undersökt hur betraktarna frambringar verket, och vice versa, och samtidigt som ett erkännande av konstverkets konventionalitet, dess regularitet eller konformitet med institutionella bestämningar, också är karakteristiskt för kulturproduktionen av idag, så är inget av Barthes förslag tillräcklig orsak för att postulera ett avgörande brott med modernistisk praktik. Tvärtom, som Foucault observerade, "De teman som skulle ersätta författarens privilegierade ställning har bara tjänat till att förhindra möjligheten av en verklig förändring".[11] ⑪

Postmodernismen närmar sig snarare tomrummet efter upphovsmannens försvinnande från ett annat perspektiv, som belyser en rad frågor vilka modernismen med dess exklusiva fokusering av konstverket och dess "skapare" ignorerade eller förträngde: Var äger utbyten bland läsare och betraktare rum? Vem har möjlighet att definiera, styra och i sista hand dra fördel av den kulturella produktionens koder och konventioner? Dessa frågor flyttar uppmärksamheten från verket och dess framställare till *ramen* – den första genom att fokusera *platsen* där konstverket möts; den andra genom att hävda den konstnärliga produktionens och receptionens sociala natur. Ibland hävdar det postmodernistiska verket omöjligheten av att kunna rama in, av att någonsin strikt kunna urskilja en text från dess kon-text (Jacques Derrida framhäver detta upprepade gånger i det han skrivit om visuell konst)[12]; hos andra blir *allt* ram (Allan McCollums "gipssurrogat"). Inte så sällan behand- ⑫ las emellertid "ramen" som det nätverk av institutionella praktiker (Foucault skulle ha kallat dem "diskurser") som bestämmer, omger och innehåller både den konstnärliga produktionen och receptionen.

Marcel Broodthaers *Musée d' Art Moderne – Département des Aigles* (Museet för modern konst, Avdelningen för örnar) – ett imaginärt museum som konstnären grundade 1968 och som han ägnade sig åt till 1972 – är ett av de tidigaste fallen av postmodern förskjutning från verk till ram. Till invigningsutställningen fylldes Broodthaers hus i Bryssel med packlådor (av det slag som vanligtvis används för transport av konstverk) på vilka orden "Glas", "Aktas", "Denna sida upp" och "Denna sida ned" hade stämplats. (Själva konstverken representerades av vykort med reproduktioner av målningar av David, Délacroix, Ingres, Courbet, etc.) Under öppnings- och avslutningsceremonierna stod en konstspeditörs transportbil parkerad på gatan utanför; öppnandet innehöll också en dis-kussion om konstnärens sociala ansvar. Som en "riktig" museiintendent observerade, presenterade Broodthaers sålunda "en utställnings skal utan dess vanliga kärna".[13] Hans ⑬ anmärkning påminner oss om de tomma ägg- och musselskal – det senare en ironisk hänvisning till konstnärens belgiska härkomst – som kommer till användning i så många av hans verk. Broodthaers upptagenhet med skalet och inte innanmätet – behållaren och inte innehållet – inte bara välter över ända en mångårig filosofisk dogm att mening och värde är inneboende egenskaper hos objekten; det står också för ett erkännande av behållarens roll för bestämningen av innehållets utformning.

Det är vanligt att Duchamp tillskrivs förståelsen av ramens betydelse för konstitueran-det av konstverket (hans readymades förutsätter den institutionella miljön för att uppfattas som konstverk) och att betrakta undersökningen på 1970-talet av den apparat konstnären tvingas igenom som ett återupptagande av den "produktivism", produktionskonst – som utvecklades särskilt på 20- och 30-talen, av (för att parafrasera Walter Benjamin) kravet på att konstnärerna ska sluta försörja den existerande produktionsapparaten utan att försöka förändra den. Jag vill emellertid påstå att "författarens död" utgör en historisk vattendelare mellan 10- och 20-talsavantgardet och 70-talets kritiker av det institutionella, och att det bara kan leda till missbedömningar av samtida praktik om man ser det senare som ett återupptagande av det förra. Broodthaers skifte från rollen som konstnär till rollen som direktör för ett (fiktivt) museum är ett typexempel. Vid en manifestation 1972 på *Musée d'Art Moderne – Departement des Aigles* utställdes ca 300 bilder av örnar från olika historiska perioder, var och en med en lapp som meddelade "Detta är inte ett konstverk"; därigenom tog Broodthaers upp Duchamps strategi med readymades, men *bröt* den med

ett Magritteliknande tillkännagivande av icke-identitet. Och i en intervju publicerad vid en retrospektiv utställning 1973 i Bryssel observerade han att ifrågasättandet av konsten och dess spridningssätt bara "bekräftar (den konstnärliga) produktionens kontinuitet och expansion".[14]

Kanske kan denna gåtfulla anmärkning belysas genom Broodthaers sista projekt, där avantgardistisk praktik blir *ämnet* för en praktik av andra graden. Här apostroferade Broodthaers den militära metafor som upprätthöll den avantgardistiska praktiken – det han kallade "erövringen av rymden". Hans sista bok – en miniatyratlas (4 × 2,5 cm) utgiven 1975 under titeln *The Conquest of Space: Atlas for the use of artists and military men* (Erövringen av rymden: kartverk att användas av konstnärer och militärer) – sammankopplade uttryckligen militära manövrer med konstnärliga, vilket lät förstå att konstnärlig produktion i sista hand inryms inom nationens gräns (fransk konst, tysk konst, etc.). (Redan 1967 tog han upp konstnärssoldatens figur med sin *Femur d'homme belge*, ett höftben från en människa målat med den belgiska flaggans färger; på tal om sitt verk sade Broodthaers i en intervju: "Nationalitet och anatomi återförenades. Soldaten ligger nära till hands".[15]) Broodthaers sista installation, *Décor, a conquest* (Dekor – en erövring), en parodisk rekonstruktion av Slaget vid Waterloo (som utkämpades på belgisk mark av två imperialistiska stormakter, England och Frankrike), spårade avantgardets historiska uppdykande till Napoleons era, med dess ideologi om global erövring och herravälde. Broodthaers ifrågasatte här avantgardets anspråk på att stå i opposition till det borgerliga samhället och dess värderingar; i dess verk avslöjas avantgardets kultur som imperialismens officiella kultur.

Nyligen har Barbara Kruger tagit upp konstnärssoldatens figur, men från ett uppenbart feministiskt perspektiv. I *Great Balls of Fire!*, en "inlaga" utgiven tidigare i år i den schweiziska tidskriften *Parkett*, reproducerade hon några av de mer flagrant militaristiska – och förhärligat fallocentriska – passagerna i avantgardets manifest, dess krigsförklaringar gentemot det borgerliga samhället. Kruger riktade således uppmärksamheten på dess individualistiska, heroiska och framför allt maskulina modell för konstnärlig subjektivitet. (Marinetti är, som man kan tänka sig, värst: "Vi vill förhärliga kriget – världens enda sanna hygien – militarismen, patriotismen, anarkisternas militanta destruktiva handling, de sköna idéer som dödar, samt föraktet för kvinnan".)[16] Krugers projekt står i förbindelse med hennes aktuella annonstavla (som kan ses i hela Storbritannien, såväl som i Kalifornien, Chicago och Las Vegas) vilken förklarar "We Don't Need Another Hero" och därmed sammankopplar den upptrappade nationalismen och militarismen hos den "verkliga" världen (filmen *Rambos* globala popularitet eller Oliver North hyllad som "patriot" av den amerikanska allmänheten) med den fortsatta efterfrågan på konstnärssoldathjältar i "konstvärlden".

> *Vad konst än är så är den odelat politisk. Det som behövs är en analys av formella och kulturella gränser (inte det ena eller det andra) inom vilka konsten finns och kämpar. Gränserna är flera och av olika kraft. Fast den rådande ideologin och dess förbundna konstnärer på alla sätt försöker maskera dem och fast det är för tidigt – under nuvarande omständigheter – att spränga dem i luften, är det nu dags att rycka slöjan av dem.*
> Daniel Buren: "*Cultural Limits*", 1970

Det historiska avantgardet var explosivt, expansivt, transgressivt; varje gräns var en demarkationslinje att överskrida, en barriär att rasera, ett förbud att bryta mot. Härav dess krav på att ramen skulle förstöras: som Peter Bürger hävdar i sin essä *Theorie der Avantgarde* (1973) – där han själv anbefaller att den kritiska uppmärksamheten förskjuts från individuella konstverk till deras institutionella ram – sökte det historiska avantgardet en upplösning av konsten som institution (i betydelsen dess beskaffenhet som separat aktivitetssfär, dess autonomi) och en intergrering av den konstnärliga praktiken i den samhälleliga.[17] Mot slutet av 60-talet hade det emellertid blivit uppenbart att denna fordran i bästa fall var för tidigt ställd och i sämsta fall att avantgardets praktik alltför lätt hade låtit sig inneslutas.

Det sena sextiotalets kulturpolitik innebar kulturellt inneslutande. "Inneslutande" var också nyckelbegreppet för USAs politik i Sydostasien och den bemärkelsen av ordet kan inte ha varit avlägsen för Smithson när han skrev följande förklaring till varför han lämnade documenta V (1972): "Kulturell isolering äger rum när en intendent tvingar sina egna

gränser på en konstutställning i stället för att be konstnärerna själva sätta gränsen . . . En del konstnärer föreställer sig att de behärskar den här apparaten, när det i själva verket är den som behärskar dem. Resultatet är att de till sist backar upp ett kulturellt fängelse som de inte har någon kontroll över . . . Museer har liksom sinnessjukhus och fängelser vakter och celler – dvs. de vita rum som kallas 'gallerier' . . . Konstverk tycks när de betraktas i sådana rum genomgå ett slags estetisk konvalescens."[18] När Smithson flyttade sin verksamhet till det postindustriella landskapet försökte han givetvis kringgå ramen; men han konfronterade också problemet med kulturell isolering i sina "Non-Sites", som upprättar en dialektisk relation mellan galleriet och en plats belägen utanför det. Såtillvida som de är rätt och slätt behållare – plåtburkar fyllda med stenar eller sand från bestämda platser – så fungerar "Non-Sites" också som speglar vari deras eget inneslutande återspeglas.

Daniel Buren angrep problemet med den kulturella isoleringen från en lite annorlunda vinkel, genom att placera några av sina verk delvis innanför och delvis utanför ramen. *Within and Beyond the Frame* (Inom och bortom ramen) var också titeln på hans installation i John Weber Gallery i New York 1973, där en serie randiga baner som hängde i mitten av galleriet fick fortsätta ut genom fönstret och över West Broadway. De "saknade delarna" av en installation på Museum of Modern Art i New York 1975 sattes på ett motsvarande sätt upp på annonstavlor i SoHo – de "imaginära" delarna av samma verk "doldes" av en trappa – för att därigenom påminna betraktarna om att dessa två delar av staden redan hängde samman med varandra i konstekonomin. I dessa projekt vände Buren uppochned på situationen: istället för att inneslutas av museet, inneslöt hans verk museet.[19] Burens "överskridanden" av ramen syftade till att rikta uppmärksamheten inte mot dem själva, utan mot ramen; därför saknade de det modernistiska avantgardets destruktiva impuls – och impulsivitet. Som Buren skrev i sin essä "Critical Limits" (1970): "Hela den pseudorevolutionära myten, och det som den fortfarande påverkar, var/är möjlig enbart därför att vår uppmärksamhet fixerats vid det förevisade objektet, vid dess mening, utan att platsen där det visas någonsin diskuterats eller ens betraktats."[20]

Museet/galleriet är, för Buren, "eftersom det inte tagits under övervägande, ramverket, vanan / . . . / det ofrånkomliga 'underlag' på vilket konsthistorien målas" (38). Liksom duken döljer spännramen, och bilden sitt underlag (så tidigt som 1966 gjorde Broodthaers en liknande iakttagelse: "Också i en genomskinlig målning döljer färgen fortfarande duken och listverket döljer ramen")[21] så är, för Buren, även konstverkets – varje konstverks – *funktion* att dölja de mångfaldiga ramar inom vilka det innesluts: "detta är vad den härskande ideologin vill; att det som innesluts mycket diskret skall bestå med en scen för det som innesluter" (38). Därav Burens beslut att klistra sina egna, avsiktligt anonyma eller opersonliga verk – "vertikalt randade pappersark, vilkas ränder är 8,7 cm breda" – direkt på museets eller galleriets väggar, för att därigenom tydliggöra verkets funktion.

Att Buren ställer sitt verk i relation till den institutionella ramen innebär en kritik av försöken att återvinna konstnärlig frihet genom att arbeta utanför ramen – som om verk placerade utanför galleriets eller museets väggar inte vore underlagda yttre tvång. Buren skriver: "Ett ogrumlat öga kommer att förstå vad som menas med konstens frihet, men ett lite mindre tränat öga kommer att se bättre vad det handlar om när det accepterar följande tanke: att platsen (utanför eller innanför) från vilken ett konstverk betraktas, är dess ram/dess gräns." (29f.). Burens kritik av Smithsons exotism är upplysande i sammanhanget. Ett konstverk kan, hävdar Buren, visas "utanför de vanliga utställningsplatserna", inklusive "stadens och tunnelbanornas väggar, motorvägen, på varje urban plats eller varje plats där någon form av socialt liv existerar" (och vid mitten av 60-talet placerar Buren sina verk i just sådana situationer). Däremot utesluter denna lista på möjliga platser för konstverket "världshaven, öknarna, Himalaya, Stora Saltsjön, urskogarna, och andra exotiska platser – *alla invitationer till konstnärliga safaris*" (50f.). För Buren är "återvändandet till naturen" en eskapistisk manöver, ett sätt att inte konfrontera utan bara kringgå den institutionella ramen: "Så snart ramar, gränser, uppfattas som sådana inom konsten, skyndar man sig att söka vägar att undvika dem. För att åstadkomma detta reser man till landet, kanske till och med till öknen, för att sätta upp sitt staffli" (48).

En "demaskering" av den institutionella ramen kan enligt Buren bara ske innanför ramen, och inte från någon inbillat gynnsam position utanför den. (Som Jacques Derrida skriver om sin egen kritiska praktik, vilken också ger akt på de osynliga ramarna/gränserna/begränsningarna för den filosofiska eller litterära texten: "Dekonstruktionens rörel-

ser förstör inte några strukturer utifrån. Den är varken möjlig eller verksam, och kan inte heller få sin rätta syftning om den inte själv bebor dessa strukturer".[22] Ändå intar den dekonstruktive konstnären fördenskull inte den plats som traditionellt reserverats för honom inom denna struktur. Som Buren skriver: "Han utför sina handlingar i en specifik miljö, den konstnärliga miljön, men han gör det inte som konstnär, utan som individ." Distinktionen är avgörande, hävdar Buren, "därför att särskilt vid denna tid /1967/ hyllas konstnären som konstens högsta ära; det är dags för honom att lämna den roll han påtvingats eller alltför villigt spelat, så att 'verket' självt kan bli synligt, utan att längre skymmas av myten om 'skaparen', en man 'högt ovanför massorna'."

Det dekonstruktiva verket måste därför vara neutralt, opersonligt, anonymt (orden är Burens). Ett anonymt verk är inte bara ett verk vars upphovsman är okänd, utan snarare ett som inte kan bemäktigas. "Producenten av ett anonymt verk måste ta fullt ansvar för det," framhåller Buren, "men hans förhållandet till sitt verk är helt annorlunda än konstnärens till konstverket. För det första, *han är inte längre ägaren till verket i gammal mening*" (25). Buren motsätter sig den juridiska definitionen av upphovsmannen som ägare. När en konstnär signerar ett verk och därmed gör anspråk på det som *sitt*, blir det privat egendom, en vara som konstnären är lagligen berättigad att sälja. Det anonyma verket är däremot inte utsatt för de äganderättsliga effekter som följer av signaturen: "Det är inte *hans* /konstnärens/ verk, utan *ett* verk ... När detta verk betraktas som allmän egendom kan det inte bli tal om krav på upphovsrätten till det, i den meningen som det finns äkta tavlor av Courbet och värdelösa förfalskningar" (19).

På samma sätt är Hans Haacke intresserad, inte av konstverkets egenskaper, utan av konstverket som egendom. I två olika projekt från början av sjuttiotalet (*Manet-PROJEKT '74* och *Seurat's "Les Poseuses" (small version), 1888–1975* spårade han en artonhundratalsmålnings härkomst, med inriktning på "den sociala och ekonomiska positionen hos de personer som ägt målningen, och de priser som betalats för den."[23] Också idag fortsätter Haacke att dra paralleller mellan kulturellt och ekonomiskt eller politisk inflytande. (*Der Pralinenmeister*, 1981, inriktar sig på den tyske konst-"patronen" Peter Ludwig; *Taking Stock*, 1983–84, behandlar de brittiska samlarna Charles och Doris Saatchis förbindelser med Thatcher.) Fokus för Haackes verksamhet har dock gradvis vridits bort från det privata ägandet av konst – Haacke skriver: "Även om sådana samlare primärt tycks handla i eget intresse och resa äreminnen över sig själva när de försöker pådyvla 'utvalda' institutioner sin vilja, så är de i längden faktiskt mindre problematiska än företagssponsringens förvirrande ankomst på scenen – även om denna i förstone kunde tyckas mer ofarlig."[24]

Sedan 1975 har Haacke främst ägnat sig åt att visa på sprickorna i företagssponsringens anonyma, opersonliga fasad (Mobile, Chase, Allied Chemical, British Leyland, Philips, American Cyanamid, Alcan, Oerlikon-Bührle – Tiffany och Cartier inte att förglömma). *MetroMobilitan* (1985) är exempelvis en parodisk imitation av portalen till Metropolitan Museum i New York, komplett med inskriften: "Många PR-möjligheter öppnas genom sponsring av program, särskilda utställningar och tjänster. Dessa kan ofta tillhandahålla ett kreativt och kostnadseffektivt svar till ett specifikt marknadsmål, särskilt om internationella, statliga eller konsumentrelationer är av avgörande betydelse. The Metropolitan Museum of Art."[25] Omedelbart under denna inskrift hänger en affisch som annonserar utställningen "Nigerias forntida skatter" och dess sponsor, Mobil. Affischen flankeras av två andra, på vilka företaget citeras när det försvarar sina affärer med Sydafrikas regering: "Mobils ledning i New York hävdar att dess sydafrikanska dotterbolags affärer med polisen och militären endast är en liten del av bolagets sammanlagda affärer ..." och "Total leveransvägran till värdlandets polis och militära styrkor är knappast i överensstämmelse med bilden av ansvarsfullt medborgarskap i detta land". Dessa affischer hängde framför och dolde till hälften ett fotografi, som pekade på vad kultursponsringens välvilliga fasad är tänkt att dölja: en begravningsmarsch för svarta offer, skjutna av sydafrikansk polis i Crossroads, nära Kapstaden, 16 mars 1985.

Också Michael Asher behandlar bokstavligen museets fasad. 1979 monterade han ned delar av den utvändiga aluminiumbeklädnaden på Museum of Contemporary Art i Chicago, och ställde ut dem inne i museet som (minimalistisk) skulptur. Samma år flyttade han en staty av brons, föreställande George Washington, från the Art Institute of Chicagos entré och till museets sjuttonhundratalsrum. (Om detta projekt skrev Asher: "Mitt sätt att

använda skulpturen på var inte upphovsmannens utan jag avsåg att frigöra den från dess tidigare bemäktiganden."[26] Båda dessa projekt underminerade den publika funktionen hos (delar av) museets offentliga fasad (på MCA, "det symboliska uttrycket för museets expansion och framtida tillväxt" /198/; på Art Institute, "överföringen /av/ en känsla av nationellt arv i historisk och estetisk mening" /208/). Asher noterade om sitt projekt på MCA: "Jag försökte att bokstavligen dekonstruera fasadelementen, att förändra deras betydelse genom att negera både den arkitektoniska och den skulpturala tolkningen, vilka byggnaden försökte sammansmälta. Jag gav skulpturen en kontext för att förevisa arkitekturen, och åt arkitekturen för att förevisa skulpturen" (198).

   Ashers bokstavligen dekonstruktiva praktik bygger på *förskjutning*: delar antingen flyttas eller avlägsnas från sina "ursprungliga" omgivningar så att deras motsägelser kan undersökas.[27] Asher arbetar bara med det rumsligt och temporalt givna i en situation, han adderar sällan någonting, men drar ofta bort något ifrån dem, och han kallar denna procedur för "materiellt tilbakadragande" – "en märkning genom av-slöjande, snarare än genom att konstruera relationer mellan form och underlag" (89). Apropå en utställning i Milano 1973, då galleriets väggar sandblästrades och flera lager vit färg togs bort för att förevisa det underliggande bruna murbruket, kommenterade Asher: "På Toselli-galleriet använde jag mig av ett proceduralt tillvägagångssätt, *ett försök att materiellt dra tillbaka upphovsmannens märke och ansvar*. Konstnärens märke är vanligen ett tillägg till en given arkitektonisk rymd och bildar ett avskilt, visuellt identifierbart element, som styr och begränsar betraktarens uppmärksamhet och flyttar den från galleriytans och verkets inneboende problem och till ett godtyckligt formaliserat tillägg" (92, min kurs.). Och 1974, på Claire Copley Gallery i Los Angeles, rev Asher den vägg som skilde utställningsytan från galleriets kontor, för att på så vis överlämna handlarens aktiviteter till offentlig granskning. "Verkets funktion var på Claire Copley Gallery didaktisk," skriver Asher, "den bestod i att materiellt återge de synliga delarna av abstraktionsprocessen" (96). (Med "abstraktionsprocessen" avser Asher den process som omvandlar verkets bruksvärde till bytesvärde.) Denna omvandling av verket till en vara ser Asher inte som någon tillfällighet, utan som ett avgörande led i receptionen av verket som sådant. Asher: "Det enda sättet för verket att bli fullt mottaget, är via dess ursprungliga abstrahering till bytesvärde" (100).

   Som en förberedelse till en utställning på Stedelijk van Abbe-Museum i Eindhoven 1977, lät Asher ta bort innertakets genomskinliga glaspaneler från hälften av museets salar: utställningen bestod i att museiarbetarna monterade tillbaka panelerna. Samtidigt innehöll den andra hälften av museets salar en utställning av verk från dess permanenta samlingar, valda av museidirektören. På så sätt framlades handlingar, som annars avslutas innan en utställning öppnas, till allmänt beskådande, och den förloppskaraktären hos Ashers installation kunde inte ha kontrasterat skarpare mot den statiska kvaliteten hos den mer traditionella utställning som ledsagade den. Den mest "radikala" innebörden av detta projekt var emellertid att konstnären erkändes som bara en enda i en rad funktioner nödvändiga för produktionen av ett konstverk: "Genom att tydligt särskilja och var för sig presentera de olika deltagare (tekniker, intendent, konstnär) som möjliggör en utställning på en sådan institution, ville jag visa att dessa nödvändiga men åtskilda funktioner är lika viktiga för skapandet av ett konstverk" (178). Genom att betona dessa "åtskilda men likvärdiga" funktioner, erkände Asher den konstnärliga produktionens *kollektiva* karaktär.

   Att hävda att konstnärlig produktion är kollektiv produktion är inte detsamma som att uppmuntra konstnärer att samarbeta med varandra. Det är istället att *avfetischera* konstverket.[28] Som Haacke skriver: "Jag tror att användandet av termen 'industri' för alla de aktiviteter som utförs av de som är anställda eller arbetar på frilans-basis inom konstfältet har en hälsosam effekt. I ett enda slag skär den termen igenom de romantiska moln som insveper de ofta missvisande och mytiska föreställningar som människor har om produktionen, distributionen och konsumtionen av konst. Konstnärerna, liksom gallerierna, museerna och journalisterna (liksom även konsthistorikerna), drar sig för att diskutera det industriella draget i de aktiviteter de utför. Ett otvetydigt erkännande kunde hota de romantiska idéer som de flesta av konstvärldens deltagare för med sig in på fältet, och som fortfarande utgör deras emotionella stöd idag."[29]

   Detta framhävande av den kollektiva eller "industriella" karaktären hos den konstnärliga produktionen är särskilt intressant i ljuset av Haackes betonande av förhållandet mellan kapital och konstvärld. Det internationella investeringskapitalets inmarsch i konst-

världen har resulterat i en exempellös expansion av konstapparaten. Och när apparaten expanderar, ökar också antalet och typerna av aktiviteter nödvändiga för produktionen, utställandet och receptionen av konstverk – det krävs konsthandlare, utställningstekniker, konstnärsrepresentanter, publicister, konsulter, revisorer, administratörer, osv. Denna multiplicering och diversifiering av de "förmedlande funktionerna"[30] – förmedlande för att de existerar i hålrummet, eller osamtidigheten, mellan produktionen och receptionen – alienerar konstnären än mer från hans produktion; när dessa funktioner mångdubblas ökar de både den rumsliga och den tidsmässiga distansen mellan konstnären och hans publik. Samtidigt skapar emellertid apparatens tillväxt ständigt nya positioner utifrån vilka konstnärer kan producera kritiska verk.

Åtminstone är detta vad som antyds av Louise Lawlers verkamhet – hon har intagit praktiskt taget varje position inom apparaten, utom den som sedvanligen är reserverad för konstnären. Istället för att bidra med information om sitt arbete till katalogen över en grupputställning i Artists Space i New York 1979 (på vilken hon visade en målning föreställande en tävlingshäst lånad från Aqueduct), formgav Lawler en logotyp åt galleriet som visades på katalogomslaget, för att därigenom presentera institutionen istället för att låta sig presenteras av den.[31] (Denna omkastning av presentationens positioner påminner om Burens omkastning av förhållandet mellan det som innesluts och det som innesluter.) Vid ingången till sin första separatutställning i New York presenterade Lawler ett "Bildarrangemang" av galleriets konstnärer; i det bakre rummet ställde hon ut en serie fotografier som dokumenterade andra "bildarrangörers" aktiviteter (museiintendenter, företagens konstkonsulter, samlare). I Lawlers foton av heminteriörer framstår konstverket som en lyxartikel bland andra; i hennes bilder av företagens huvudkontor är konstverken inte så sällan helt enkelt delar av kontorsutrustningen. Lawler producerade alltså verk utifrån positionen som utställningsfotograf, precis som hon för The New Museums kritiska antologi *Art After Modernism. Rethinking Representation* arbetade som bildredaktör. Lawlers bidrag är emellertid inte bara illustrationer till texten: det fungerar snarare som en kritisk kommentar till denna.

> *Så snart legitimationskrisen för de institutioner som inrymmer den visuella kulturens diskurs tycktes övervunnen – naturligtvis inte genom någon lösning av deras allt tydligare motsägelser och intressekonflikter, utan genom en sträng socio-politisk återuppbyggnad av traditionella hierarkier och de estetiska myter som pryder dem / . . . / kunde den radikala praktik som utövas av konstnärer i Ashers generation marginaliseras till den grad att verket tycktes historiskt redan innan det egentligen hade inträtt i kulturen.*
>
> Benjamin Buchloh
> Michael Asher: *Writings 1973–1983 on Works 1969–1979*

Jenny Holzer påpekade 1982 att mot slutet av sjuttiotalet tycktes undersökningen av den apparat som konstnären tvingas igenom avslutad: "Vad gäller det systematiska utforskandet av kontexten, så var det redan gjort vid den tidpunkten /omkring 1977/";[32] och den utveckling som jag skisserat här framstår tveklöst som gammal skåpmat för många läsare. Av två skäl vill jag ändå fortsätta med att framhäva denna utveckling. För det första vill jag bemöta försök som Holzers att begränsa undersökningen av den konstnärliga produktionens krafter och förhållanden till en särskild historisk tidsrymd. Men viktigare är, vill jag påstå, att den postmoderna förskjutningen från verk till ram lägger grunden till en materialistisk kulturell praxis – en som, med Lucio Collettis definition av en materialistisk politisk praxis, "kullkastar och inordnar under sig de villkor på vilka den själv går tillbaka".[33] Att erkänna den konstnärliga handlingens *de facto* sociala natur är nödvändigt om vi själva vill använda, snarare än bara användas, av den apparat vi alla – "åskådare, köpare, handlare, tillverkare" – tvingas igenom.

Översättning: Magnus Florin & Ulf Olsson

Noter

1. "Conversation with Robert Smithson on April 22nd 1972", Bruce Kurtz, ed., i *The writings of Robert Smithson*, (red. Nancy Holt, New York, 1979), s. 299 (min kursivering). Att konstnärligt arbete är icke-alienerat arbete är inte bara en trossats i borgerlig konstteori; det finns också en vänsterversion av denna tes som bygger på (fel-)läsningar av Marx berömda jämförelse mellan arkitekten och biet i *Kapitalet*, volym I. Se Janet Wolff, *The Social Production of Art* (London, 1981), s. 14–15.

2. Se Martha Rosler, "Lookers, Buyers, Dealers, and Makers: Thoughts on Audience", och Mary Kelly, "Re-Viewing Modernist Criticism", båda omtryckta i *Art After Modernism: Rethinking Representation*, (red. Brian Wallis, New York, 1984), samt Allan Sekula, "The Traffic in Photographs", *Art Journal* 41, nr 1 (Spring 1981), s. 15–25.

3. Jag diskuterar viljan att återfå upphovsmannaskapets privilegier i "Honor, Power and the Love of Women", *Art in America*, January 1983.

4. Citerat i Germano Celant, *Giulio Paolini* (New York, 1972), s. 74; översättningen modifierad.

5. Michel Foucault, "What is an Author" i *Language, Counter-Memory, Practice*, (red. D. F. Bouchard, Ithaca, 1977), s. 128. – Första delen av Foucault "Vad är en författare?" finns översatt till svenska i *Tidskrift för litteraturvetenskap* nr 1–2/1985, s. 5–9, övers. Ulla Lönner. (Ö-a.)

6. Se Steven Ellis, "The Elusive Gerhard Richter" *Art in America*, november 1986, och Griselda Pollock, "Artists, Mythologies and Media – Genius, Madness and Art History", *Screen* 21, nr 3 (Summer 1977), s. 57–96.

7. Douglas Crimp, "Appropriating Appropriation", i *Theories of Contemporary Art*, (red. Richard Hertz, Englewood Cliffs, 1985), s. 162.

8. "Författaren anses som fadern och ägaren till sitt verk; litteraturvetenskapen lär sig därför *respektera* manuskriptet och författarens deklarerade intentioner, alltmedan samhället söker en legal förbindelse mellan författare och verk ("upphovsmannarätten", som faktiskt är av sent datum; den stadfästes först i samband med franska revolutionen). Texten, å sin sida, låter sig läsas utan att Fadern registreras. / ... / Man är följaktligen inte skyldig Texten någon avgörande 'respekt' / ... / Texten kan läsas utan faderns garanti. Återställandet av intertexten avskaffar paradoxalt nog härkomsten." Roland Barthes, "Från verk till text", i *Kris* nr 28 (1984), övers. Thomas Andersson och Aris Fioretos. ("De l'oeuvre au texte", *Revue d'esthétique* 3, 1971). Av detta skäl ger jag varje pronominell hänvisning till konstnären maskulint genus; upphovsmannen är verkligen en "han".

9. Barthes, "The Death of the Author", i *Image, Music, Text*, s. 148, 143 ("La mort de l'auteur", *Mantéia* V, 1968).

10. Beträffande det modernistiska hävdandet att konstverk motsätter sig en "betraktares" närvaro, se Michael Fried, *Absorption and Theatricality: Painting and Beholder in the Age of Diderot* (Berkeley and Los Angeles, 1980); för behandlingen av konventionalitet som originalitet, se Rosalind E. Krauss, *The Originality of the Avantgarde and Other Modernist Myths* (Cambridge, Mass., 1984).

11. "What is an Author?", s. 118.

12. Se "Parergon" och "Restitutions de la vérité en peinture", i *La Verité en Peinture* (Paris, 1978); för en bredare behandling av omöjligheten av att skilja text från kontext, se Derridas "Signature, Event, Context" i *Marges de la philosophie* (Paris, 1972).

13. Michael Compton, "Marcel Broodthaers", i *Marcel Broodthaers*, utställningskatalog, (The Tate Gallery, 1980), s. 18.

14. "Dix Milles Francs de Récompense", *Catalogue – Catalogus* (Bryssel, 1973).

15. "Dix Milles Francs de Récompense."

16. *Parkett*, 11 (1986).

17. Peter Bürger, *Theory of the Avant-Garde*, övers. M. Shaw (Minneapolis, 1984).

18. "Cultural Confinement", i *The Writings of Robert Smithson*, s. 132. Smithsons beskrivning av muséet påminner om Foucaults samtidiga beskrivningar av olika västerländska förvaringsinstitutioner – mentalsjukhuset (i *Vansinnets historia under den klassiska epoken*, 1973, "Folie et déraison; histoire de la folie", 1961), sjukhuset (i *Birth of the Clinic*, "Naissance de la Clinique", 1963) och fängelset (i *Discipline and Punishment*, "Surveillir et punir: Naissance de la prison", 1975).

19. Jacques Derrida benämner denna effekt – när det hela blir en del av sina delar – för "invagination".

20. Daniel Buren, "Critical Limits", i *Five Texts* (New York 1973), s. 38. Alla fortsatta hänvisningar till Buren är ur denna samling, och sidan anförs efter citatet i min text.

21. Citerad i Benjamin Buchloh, "Michael Asher and the Conclusion of Modernist Sculpture", i *Performance: Text(e)s & Documents* (red. Chantal Pontbriand, Montreal 1981), s. 64.

22. Jacques Derrida, *Of Grammatology* (transl. by G. C. Spivak, Baltimore 1976), s. 24. Jack Burnham har iakttagit detta också i Hans Haackes verk: "Han betraktar museet och galleriet som absolut nödvändiga element för sina verks mening och funktion; ... Museets eller galleriets väggar är lika mycket delar av hans verk som de föremål som visas på dem. De här verken behöver också utställningssalens 'impregnering' för att motsäga annan samtida konst", *Framing and Being Framed* (Halifax 1977), s. 137.

23. Hans Haacke, "Manet-PROJEKT '74", *Hans Haacke: Unfinished Business* (The New Museum, 1986), s. 118. Haackes förslag till undersökning av härkomsten för ett stilleben av Manet, som finns i Wallraf-Richartz-museets i Köln samlingar, ledde till ett oväntat samarbete med Buren. När förslaget tillbakavisades av museet – "Ett museum vet ingenting om ekonomisk makt", skrev dess direktör, "men däremot vet det något om andlig makt" (130) – försökte Buren att införliva ett faksimil av Haackes verk i sitt eget projekt för utställningen. Museiadministrationen beordrade emellertid, i en olycksbådande parodi på Burens sätt att klistra sitt verk direkt på museiväggarna, att dubbla lager av vitt papper skulle klistras över de kränkande delarna av Burens och Haackes "samarbete". Fastän det undertrycktes blev inte Haackes verk utan effekt; i själva verket tvingade de museet att framställa dess egna gränser.

24. "Museums, Managers of Consciousness", i *Hans Haacke: Unfinished Business*, s. 68.

25. Citatet är hämtat ur en broschyr publicerad av museet under titeln "The Business Behind Art Knows the Art of Good Business – Your Company and the Metropolitan Museum of Art".

26. Michael Asher, *Writings 1973–1983 on Works 1969–1979* (red. Benjamin Buchloh, Halifax and Los Angeles 1983), s. 198. Alla fortsatta hänvisningar till Asher är ur denna samling, och sidan anförs efter citatet i min text.

27. "Förskjutning" ("Displacement") används här inte i dess freudianska betydelse (förskjutningen av psykisk energi från en idé till en annan under drömbildningens process) utan som den kommer till användning i dekonstruktion inspirerad av Derrida; denna tillgår genom att "först vända på termerna i en filosofisk opposition, dvs. att vända på en hierarki eller en dominant struktur, och sedan att förskjuta eller rubba systemet". – Mark Krupnick, "Introduction", *Displacement: Derrida and After* (Bloomington 1983), s. 1.

28. Jag lånar uttrycket "avfetischera" från Lucio Collettis beskrivning av Marx projekt: "Den vetenskapliga politiska ekonomins uppgift bestod för Marx främst i – om vi kan acceptera en neologism – avfetischeringen av varuvärlden, i den progressiva uppfattningen av att vad som framställer sig själv som 'tingens värde' i själva verket alls inte är någon egenskap hos tingen, utan reifierat mänskligt arbete", *From Rousseau to Lenin* (New York 1972), s. 89. – Jag föreslår denna lite tafatta term istället för den vanligare "avmystifiera", som härrör från Barthes. Om varufetischismen innebär att de privata, konkreta och sociala aspekterna av mänskligt arbete undertrycks till förmån för dess abstrakta aspekt, så underordnar konstvarufetischismen det konstnärliga arbetets sociala och abstrakta aspekter under dess privata och konkreta. Att insistera på det konstnärliga arbetets kollektiva (dvs. sociala) karaktär är således att kasta om denna tendens.

29. "Museums, Managers of Consciousness", s. 60.

30. Begreppet "förmedlande funktioner" är hämtat ur Ernest Mandel, *Senkapitalismen* (övers. Bengt Andersson, Stockholm 1974). Min redovisning av konstapparatens tillväxt står i skuld till Mandels analys av servicesektorns tillväxt, kapitel 12.

31. Min tolkning av Lawlers praktik är inspirerad av Andrea Fraser, "In and Out of Place", *Art in America*, juni 1985.

32. Citerad i Hal Foster, "Subversive Signs", i *Theories of Contemporary Art* (red. Richard Hertz, Englewood Cliffs, 1985), s. 180.

33. Citerad i Diane Elson, *The Value Theory of Labour*, i *Value. The Representation of Labour in Capitalism* (red. D. Elson, London 1979), s. 171.

34. Detta är titeln på Martha Roslers viktiga text om publiken, jfr not 2. ovan.

Towards the end of his career, Robert Smithson—who, in an attempt to regain control over his own production had removed his practice from the urban art centers to the abandoned slag heaps and strip mines of an "infernal" postindustrial landscape—expressed new or renewed interest in the value-producing mecanisms of the art world: "Paintings are bought and sold," he told an interviewer in 1972. "The artist sits in his solitude, knocks out his paintings, assembles them, then waits for someone to confer the value, some external source. *The artist isn't in control of his value.* And that's the way it operates." As if predicting the fallout from the following year's auction of the Robert Scull collection—which would prompt some angry words from Rauschenberg about the "profiteering of dealers and collectors" (his *Double Feature*, for which Scull had paid $2,500, was auctioned for $90,000)—Smithson continued: "Whatever a painting goes for at Parke Bernet is really somebody else's decision, not the artist's decision, so there's a division, on the broad social realm, the value is separated from the artist, *the artist is estranged from his own production.*" Having thus contradicted a deeply entrenched, distinctly modern view of artistic labor as non-alienated labor, Smithson predicted that artists would become increasingly involved in an analysis of the forces and relations of artistic production: "This is the great issue, I think it will be the growing issue, of the seventies: the investigation of the apparatus the artist is threaded through."[1]

The investigation the artist is threaded through indeed turned out—in the practices of Marcel Broodthaers, Daniel Buren, Michael Asher, Hans Haacke and Louise Lawler, as well as writings by such artists as Martha Rosler, Mary Kelly and Allan Sekula (among others)—to be the main preoccupation of art in the '70s.[2] My purpose in citing Smithson's remark is not, however, to confirm his prescience or precedence; in fact, he came to this conclusion rather late, certainly *after* Broodthaers and Buren, and possibly *through* contact with their works. Rather, Smithson's remark interests me because it directly links the investigation of the apparatus the artist is threaded through to the widespread crisis of artistic authorship that swept the cultural institutions of the West in the mid-1960s—a crisis which took its name from the title of Roland Barthes's famous 1967 postmortem "The Death of the Author." If, as Barthes argued, the author could not—or could no longer—claim to be the unique source of the meaning and/or value of the work of art, then who—or what—could make such a claim? It is my contention that, despite its diversity, the art of the last twenty years, the art frequently referred to as "postmodernist," can perhaps best be understood as a response or series of responses to this question—even when artists simply attempt to reclaim the privileges that have traditionally accrued to the author in our society.[3]

Much of the art produced during the last two decades has been concerned simply to register the disappearance of the figure of the author. In this regard, one might cite the practices of Giulio Paolini and Gerhard Richter, both of which *stage* this event, but in significantly different ways. In Paolini the author figures as a kind of magician who performs a disappearing act (and *not* the alchemical *tours de force* of other *arte povera* artist-magicians); this is the significance of the formally dressed, top-hatted character who (dis-)appears in recent drawings and installations. As often as not, this figure is partially concealed: for Paolini, the work of art functions primarily as a screen or mask for its producer. (In *Hi-Fi* [1965], broad gestural brushstrokes—the modernist

sign for the artist's "presence"—cover not only the canvas, but also the cutout figure of the painter standing before it, who is thereby *camouflaged*. And in *Delfo* [also 1965], a life-size photographic self-portrait, the artist is masked by sunglasses and further concealed behind the horizontal and vertical bars of a stretcher.) For a series of 1968 "Self-Portraits" Paolini appropriated self-portraits by Poussin and the Douanier Rousseau, suggesting that authorship is an assumed identity, achieved only through a complex series of historical identifications: "The point," Paolini maintained, "was to subtract my own identity and to assume instead an elective, historical and hypothetical one."[4] And at the 1970 "Biennale della giovane pittura" in Bologna, Paolini exhibited an untitled 1917 Picabia collage, thereby appropriating not another artist's (self-)image, but an entire work.

If Paolini registers the disappearance of the author in individual projects, Richter does so at the level of his *practice*. Viewed individually, Richter's works remain as internally consistent and compositionally resolved as any produced under an authorizing signature; it is, rather, as he moves from photographically derived "realism" (landscape, portraiture or still life) to abstraction (monochromatic, systemic, or gestural) and back again that Richter effectively refuses the principles of conceptual coherence and stylistic uniformity according to which we have been taught to recognize the "presence" of an author in his work. As Michel Foucault wrote in a 1969 essay, "What Is an Author?", one of the functions of the figure of the author is to "neutralize the contradictions that are found in a series of texts. Governing this function is a belief that there must be—at a particular level of an author's thought, of his conscious or unconscious desire—a point where contradictions are resolved, where the incompatible elements can be shown to relate to one another and to cohere around a fundamental or originating contradiction."[5] Criticism has been demonstrably uncomfortable with Richter's shiftiness and has therefore attempted to locate precisely such an originary contradiction governing his production—characteristically, the tension between painting and photography; however, this argument reveals less about the artist's desire, and more about the critic's desire for a coherent subject backing up—authorizing—works of art.[6]

In this respect, Richter's practice can be compared with that of Cindy Sherman, who "implicitly attack[s] auteurism by equating the known artifice of the actress in front of the camera with the supposed authenticity of the director behind it."[7] Until recently, Sherman appeared in all of her own photographs, but always as a different character; the shifts of identity that constitute the sense of her work are legible, however, only at the level of the series. To exhibit one Cindy Sherman photograph makes no sense, although her work is often exhibited in this way. If Sherman's practice is reminiscent of Richter's, Sherrie Levine's "appropriations" from the late '70s and early '80s—in which she rephotographed images by such photographers as Edward Weston and Walker Evans, or exhibited fine-art reproductions of paintings by Franz Marc, say, or Ernst Ludwig Kirchner—recall Paolini's appropriation of Picabia. Indeed, Levine's *Self-Portrait, after Egon Schiele*, produced for documenta 7 (1982), seems directly related to Paolini's "self-portraits." However, as the gender-shift in Levine's self-portrait demonstrates, to reduce her questioning of the ownership of the image to Paolini's investigation of authorial identity (or Sherman's investigation of authorial identity to Richter's stylistic heterogeneity) is to ignore sexual difference. As Barthes observed, the

privileges reserved for the author in our society are distinctly masculine prerogatives; the relation of an artist to his work is that of a father to his children.[8] To produce an illegitimate work, one which lacks the inscription of the Father (the Law), can be a distinctly *feminist* gesture; and it is not surprising that Sherman's and Levine's works lack the melancholy with which Richter and especially Paolini register the disappearance of the figure of the author.

It is obviously insufficient to repeat empty slogans: the author has disappeared; God and man died a common death. Rather, we should reexamine the empty space left by the author's disappearance; we should attentively examine, along its gaps and fault lines, its new demarcations, and the reapportionment of this void; we should await the fluid functions released by this disappearance.
Michel Foucault, "What Is an Author?"

Although the author is a distinctly modern figure, his death is not a postmodern "event." Barthes himself traced it to Mallarmé—to which we might add Duchamp's courting of chance, or the Surrealists' flirtation with collaborative production techniques. Moreover, both of the candidates Barthes nominated to occupy the empty space left by the author's disappearance are recognizably modernist. Barthes' first proposal was that it is the reader or viewer who is responsible for the meaning of the work ("A text's unity," he wrote, "lies not in its origin but in its destination"); his second, that it is language itself, that is, the codes and conventions of literary or artistic production, that produces the work ("It is language which speaks, not the author; to write is, through a prerequisite impersonality ... to reach that point where only language acts, 'performs,' and not 'me'").[9] A great deal of modernist practice did ignore or repress the role of the viewers in constituting a work; and modernist artists frequently celebrated the utter conventionality of the work of art as (a sign of) its absolute originality.[10] Although much recent art and criticism has investigated the production of viewers by and for works of art, and while a recognition of the conventionality of works of art, their regularity or conformity with institutional specifications, is also a characteristic of cultural production today, nevertheless, neither of Barthes's proposals is sufficient cause to posit a definitive break with modernist practice. Quite the reverse; as Foucault observed, "The themes destined to replace the privileged position accorded the author have merely served to arrest the possibility of genuine change."[11]

Rather, postmodernism approaches the empty space left by the author's disappearance from a different perspective, one which brings to light a number of questions that modernism, with its exclusive focus on the work of art and its "creator," either ignored or repressed: Where do exchanges between readers and viewers take place? Who is free to define, manipulate and, ultimately, to benefit from the codes and conventions of cultural production? These questions shift attention away from the work and its producer and onto its *frame*—the first, by focusing on the *location* in which the work of art is encountered; the second, by insisting on the *social* nature of artistic production and reception. Sometimes the postmodernist work insists upon the impossibility of framing, of ever rigorously distinguishing a text from its con-text (this argument is made repeatedly in Jacques Derrida's writings on visual art);[12] at others, it is *all* frame (Allan McCollum's plaster painting "surrogates"). More often than not, however, the "frame" is treated as that network of institutional practices (Foucault would have called them "discourses") that define, circumscribe and contain both artistic production and reception.

Marcel Broodthaers's "Musée d'Art Moderne—Département des Aigles"—an imaginary museum the artist founded in 1968, and which would preoccupy him until 1972—is one of the earliest instances of the postmodern displacement from work to frame. For the inaugural exhibition, the rooms of Broodthaers's house in Brussels were filled with packing crates (the kind customarily used to transport works of art) upon which the words "picture," "with care," "top" and "bottom" had been stenciled. (The works of art themselves were represented by postcard reproductions of paintings by David, Delacroix, Ingres, Courbet, etc.) During the opening and closing "ceremonies," a van belonging to an art shipper was parked outside in the street; the opening also included a discussion of the social responsibilities of the artist. As a "real" museum curator (Michael Compton of the Tate) observed, Broodthaers thus presented "the shell of an exhibition, without the normal substance."[13] This remark reminds us of the empty egg and mussel shells—the latter, an ironic reference to the artist's Belgian origins—used in so many of his works. Broodthaers's preoccupation with the shell, and not the kernel—the container and not the contained—not only overturns a longstanding philosophical prejudice that meaning and value are intrinsic properties of objects; it also stands as an acknowledgment of the role of the container in determining the shape of what it contains.

It is customary to attribute recognition of the importance of the frame in constituting the work of art to Duchamp (the readymade requires its institutional setting in order to be perceived as a work of art), and to regard the investigation of the apparatus the artist is threaded through which took place in the 1970s as a revival of the productivist line elaborated in the '20s and '30s, specifically, of the demand (to paraphrase Walter Benjamin) that artists refuse to supply the existing productive apparatus without attempting to change it. I am arguing, however, that "the death of the author" constitutes a historical watershed between the avant-gardes of the '10s and '20s and the institutional critiques of the '70s, and that to regard the latter as a revival or renewal of the former can only lead to misapprehensions about contemporary practice. Broodthaers's shift from the role of artist to that of director of a (fictitious) museum is a case in point. In a 1972 manifestation of the "Musée d'Art Moderne—Départment des Aigles" some 300 images of eagles from different historical periods were exhibited, each with a label declaring "This is not a work of art"; Broodthaers thereby acknowledged Duchamp's readymade strategy, but *interrupted* it with a Magrittian declaration of non-identity. And in an interview published in the catalogue of a 1973 retrospective in Brussels, he observed that the questioning of art and its means of circulation can merely "justify the continuity and the expansion of [artistic] production," adding, "There remains art as production, as production."[14]

This enigmatic remark can perhaps be illuminated by looking at Broodthaers's final projects, in which vanguard practice becomes the *subject* of another, second-level practice. In these, Broodthaers addressed the military metaphor that sustained avant-garde practice—what he referred to as "the conquest of space." His final book—a miniature (4 by 2.5 cms) atlas published in 1975 and titled *The Conquest of Space: Atlas for the use of artists and military men*—explicitly linked military and artistic maneuvers, suggesting that artistic production is ultimately contained within the boundaries of the nation-state (French art, German art, etc.). (As early as 1967, Broodthaers had addressed the figure of the artist-soldier with his *Femur d'Homme belge*, a human thigh bone painted the colors of the Belgian flag; speaking about this work, Broodthaers told an inverviewer, "Nationality and anatomy were reunited. The soldier is not far off.")[15] Broodthaers's final installation, *Décor, a conquest*, a parodistic reconstruction of the Battle of Waterloo (which was fought by two imperial powers, England and France, on Belgian soil), traced the historical emergence of the avant-garde to the Napoleonic era, with its ideology of global conquest and domination. Here, Broodthaers questioned the avant-garde's claim to oppose bourgeois society and its values; in these works avant-garde culture stands revealed as the official culture of Imperialism.

More recently, Barbara Kruger has addressed the vanguard figure of the artist-soldier, but from a distinctly feminist perspective. In *Great Balls of Fire!* an "insert" published earlier this year in the Swiss magazine *Parkett*, she reproduced some of the more egregiously militaristic—and celebratorily phallocentric—passages from the manifestoes of the avant-garde, its declarations of war on bourgeoisie society. Thus, Kruger focused attention on its individualistic, heroic and, above all, *masculine* model of artistic subjectivity. (Predictably, Marinetti comes off worse: "We will glorify war—the only true hygiene of the world—militarism, patriotism, the last projects were addressed to the military destructive gesture of anarchist, the beautiful Ideas which kill, and the scorn of women.")[16] Kruger's project reads in conjunction with her recent billboard (seen throughout the United Kingdom, as well as in California, Chicago and Las Vegas), which declares "We Don't Need Another Hero," thereby linking escalating nationalism and militarism in the "real" world (the global popularity of the film *Rambo*; the North American public's reception of Oliver North as a "patriot") with the continuing search for artist-soldier-heroes in the "art world."

> Art whatever it may be is exclusively political. What is called for is the <u>analysis of formal and cultural limits</u> (and not one <u>or</u> the other) within which art exists and struggles. These limits are many and of different intensities. Although the prevailing ideology and the associated artists try in every way to camouflage them, and although it is too early—the conditions are not met—to blow them up, the time has come to unveil them.
>
> Daniel Buren, "Cultural Limits," 1970

The historical avant-gardes were explosive, expansive, transgressive; every boundary was a frontier to be crossed, a barrier to be shattered, an interdiction to be broken. Hence, their demand for the destruction of the frame: as Peter Bürger argues in his 1973 essay *Theory of the Avant-Garde* —in which he too advocates a displacement of critical attention away from individual works of art and onto their institutional frames—the historical avant-gardes called for the dissolution of art as an institution (meaning its constitution as a separate sphere of activity, its autonomy) and the reintegration of artistic into social practice.[17] By the end of the 1960s, however, it had become apparent that this demand had, at best, been premature, and that, at worst, avant-garde practice had all too easily been contained.

The cultural politics of the late '60s was a politics of cultural containment. "Containment" was also the key term in U.S. policy in Southeast Asia, and this use of the term could not have been far from Smithson's mind when he wrote the following explanation for his withdrawal from documenta 5 (1972): "Cultural confinement takes place when a curator imposes his own limits on an art exhibition, rather than asking an arctist to set his limits... Some artists imagine they've got a hold on this apparatus, which in fact has got a hold of them. As a result, they end up supporting a cultural prison that is out of their control... Museums, like asylums and jails, have wards and cells—in other words, neutral rooms called "galleries." ... Works of art seen in such spaces seem to be going through a kind of esthetic convalescence."[18] In removing his practice to the postindustrial landscape, Smithson was, of course, attempting to circumvent the frame; but he also confronted the problem of cultural confinement in his "Non-Sites," which set up a dialectical relationship between the gallery and a place outside it. Insofar as they are merely containers—metal bins filled with rocks or sand from specific sites—the "Non-Sites" also function as mirrors which reflect their own containment.

Daniel Buren approached the problem of cultural confinement somewhat differently, situating some of his works partially within and partially beyond the frame. *Within and Beyond the Frame* was, in fact, the title of a 1973 installation at the John Weber Gallery in New York; a series of striped banners strung down the middle of the gallery extended out the window and across West Broadway. Similarly, the "missing parts" of a 1975 installation at the Museum of Modern Art in New York—the (imaginary) sections of Buren's work "concealed" by a staircase—were posted on billboards in SoHo, thereby reminding viewers that these two parts of the city were already connected by the art economy. In these projects, Buren turned the tables: instead of being contained by the museum, his work contained the museum.[19] Buren's "transgressions" of the frame were engineered to call attention, not to themselves, but to the frame; as such they lacked the destructive impulse—and impulsiveness—of the modernist avant-garde. As he wrote in his 1970 essay "Critical Limits," "All the pseudo-revolutionary myth, and what it continues to influence, was/is possible only because one's attention has been fixed only on the object shown, its meaning, without looking at or discussing even once the place where it is shown."[20]

For Buren, "the Museum/Gallery for *lack of being taken into consideration* is the framework, the habit... the inescapable 'support' on which art history is painted" [38]. Just as the canvas conceals its stretcher, and the image its support (as early as 1966, Broodthaers made a similar observation: "Even in a transparent painting the color still hides the canvas and the moulding hides the frame"),[21] so too, for Buren, the *function* of the work of art—any work of art—is to conceal the multiple frames within which it is contained: "This is what the dominant ideology wants," he wrote, "that what is contained should provide, very subtly, a screen for the container" [38]. Hence Buren's decision to paste his own deliberately anonymous or impersonal work—"vertically striped sheets of paper, the bands of which are 8.7 cms wide" —directly onto the walls of the museum or gallery, thereby literalizing the function of the work.

Buren's positioning of his work in relation to the institutional frame constitutes a critique of attempts to regain artistic freedom by working outside it—as if works placed outside the walls of a gallery or museum are not subject to external constraints. "A clear eye will recognize what is meant by freedom in art," he wrote, "but an eye which is a little less educated will see better what it is all about when it has adopted the following idea: that the location (outside or inside) where a work is seen is its frame/its boundary" [28–29]. In this regard, Buren's critique of Smithson's exoticism is illuminating. A work of art, Buren contends, can be "shown outside the usual places of exhibition," including "the walls of the city, of a subway, a highway, any urban place or any place where some kind of social life exists" (indeed, in the mid- '60s, Buren placed his own work in such situations). However, this list of possible sites for works of art "excludes the oceans, the deserts, the Himalayas, the Great Salt Lake, virgin forests, and other exotic places—*all invitations for artistic safaris*" [50–51]. For Buren, the "return to nature" is an escapist maneuver, an attempt not to confront, but merely to circumvent, the institutional frame: "As soon as frames, limits, are perceived as such, in art, one rushes for ways to by-pass them. In order to do this, one takes off for the country, maybe even for the desert, to set up one's easel" [48].

For Buren, the "unveiling" of the institutional frame can take place only within the frame, and not from some imaginary vantage point outside it. (As Jacques Derrida has written of his own critical practice, which also attends to the invisible frames/borders/limits of the philosophical or literary text: "The movements of deconstruction do not destroy structures from the outside. They are not possible and effective, nor can they take accurate aim, except by inhabiting those structures.")[22] Nevertheless, the deconstructive artist does not occupy the position traditionally reserved for the artist within that structure. As Buren writes, "He carries on his acitivity within a particular milieu, known as the artistic

milieu, but he does so not as an artist, but as an individual." This distinction is crucial, Buren contends, "because particularly at this time [1967], the artist is hailed as art's greatest glory; it is time for him to step down from this role he has been cast in or too willingly played, so that the 'work' itself may become visible, no longer blurred by the myth of the 'creator,' a man 'above the run of the mill' " [25].

The deconstructive work must therefore be neutral, impersonal, anonymous (these terms are Buren's). An anonymous work is not simply one whose author's identity is unknown; rather, it is one that cannot be appropriated. "The producer of an anonymous work must take full responsibility for it," Buren contends, "but his relation to the work is totally different from the artist's to his work of art. Firstly, *he is no longer the owner of the work in the old sense" [25]*. Here, Buren contradicts the legal definition of the author as proprietor. As soon as an artist signs a work, thereby claiming it as *his*, it becomes private property, a commodity which the artist is legally entitled to exchange. By contrast, the anonymous work is not subject to the effects of propriation entailed by the signature: "It is not *his* [the artist's] work, but *a* work . . . This work being considered as common property, there can be no question of claiming the authorship thereof, possessively, in the sense that there are authentic paintings by Courbet and valueless forgeries" [19].

Similarly, Hans Haacke is interested, not in the properties of the work of art, but in the work of art as property. In two different projects from the early '70s (*Manet-PROJEKT '74* and *Seurat's "Les Poseuses" (small version), 1888–1975*) he traced the provenance of a 19th-century painting, focusing on "the social and economic position of the persons who have owned the painting over the years and the prices paid for it."[23] To this day Haacke continues to draw parallels between cultural and economic or political influence. (*Der Pralinenmeister*, 1981, focuses on the business practices of German art "patron" Peter Ludwig; *Taking Stock*, 1983–84, deals with the Thatcher connection of British collectors Charles and Doris Saatchi). However, the focus of his practice has gradually shifted away from the private appropriation of works of art; "If such collectors," Haacke writes, "seem to be acting primarily in their own self-interest and to be building pyramids to themselves when they attempt to impose their will on 'chosen' institutions, their moves are in fact less troublesome in the long run than the disconcerting arrival on the scene of corporate funding for the arts—even though the latter appears at first to be more innocuous."[24]

Since 1975 Haacke has been primarily concerned with exposing cracks in the anonymous, impersonal facade of corporate funding (Mobil, Chase, Allied Chemical, British Leyland, Philips, American Cyanamid, Alcan, Oerlikon-Bührle—not to mention Tiffany and Cartier). *MetroMobilitan* (1985), for example, is a mock-up of the entablature of New York's Metropolitan Museum, complete with inscription: "Many public relations opportunities are available through the sponsorship of programs, special exhibitions and services. These can often provide a creative and cost-effective answer to a specific marketing objective, particularly where international, governmental or consumer relations may be a fundamental concern.—The Metropolitan Museum of Art."[25] Directly beneath this inscription hangs a banner advertising the exhibition "Ancient Treasures of Nigeria" and its corporate sponsor, Mobil, flanked by two others on which are inscribed quotations from the company's statements defending its sales to the government of South Africa: "Mobil's management in New York believes that its South African subsidiaries' sale to the police and military are but a small part of its total sales . . ." and "Total denial of supplies to the police and military forces of a host country is hardly consistent with an image of responsible citizenship in that country." These banners hang in front of, and only partially conceal, a photograph which indicates what the benevolent facade of cultural patronage is intended

to conceal: a funeral procession for black victims shot by the South African police at Crossroads, near Cape Town, on March 16, 1985.

Michael Asher also deals literally with the museum's facade. In 1979 he removed some of the exterior aluminum cladding from the Museum of Contemporary Art in Chicago, exhibiting it inside the gallery as (minimal) sculpture. The same year he replaced a bronze statue of George Washington from the entrance of the Art Institute of Chicago to the museum's 18th-century rooms. (Of the latter project, Asher wrote: "My use of the sculpture was not an authorial usage, but one intended to disengage it from its former appropriation.")[26] In both projects, the public function of (elements of) the museum's public facade (at the MCA, the "symbolic expression of the museum's expansion and future growth" [198]; at the Art Institute, the "conveying [of] a sense of national heritage in historical and aesthetic terms" [208] was undermined. Writing of his project at the MCA, Asher observed: "I attempted to literally deconstruct the elements of the facade, thereby changing their meaning by negating both their architectural and sculptural readings, which the building had originally attempted to fuse. I contextualized the sculpture to display the architecture and the architecture to display the sculpture" [198].

Asher's literary deconstructive practice proceeds through *displacement*: elements are either moved or removed from their "original" contexts so that their contradictions can be examined.[27] Asher works only with the spatial and temporal givens of a situation, rarely adding anything to them, often subtracting something from them; he refers to this procedure as "material withdrawal"— "marking by disclosure, rather than by constructing figure-ground relationships" [89]. Writing about a 1973 exhibition in Milan, in which the walls of the gallery were sandblasted, removing several accumulated layers of white paint to expose the brown plaster underneath, he commented: "At the Toselli Gallery, I used a procedural approach, *attempting to materially withdraw an author's sign and responsibility*. Usually an artist's sign, as an addition to a given architectural space and a discrete, visually identifiable element, guides and restricts viewer awareness and shifts it from the problems inherent in the gallery space and the work to an arbitrarily formalized insert." [92; italics added]. And in 1974 at the Claire Copley Gallery in Los Angeles, Asher removed the wall separating the exhibition space from the office, thereby exposing to public scrutiny the dealer's activities. "The function of the work at the Claire Copley Gallery was didactic," Asher writes, "to represent materially the visible aspects of [the] process of abstraction" [96]. (By "abstraction" Asher refers to the process through which a work's use value becomes exchange value.) For Asher, this process of commodification is not accidental; it is, rather, a crucial part of the reception of a work of art as such. Asher: "The only way for a work to be fully received is through its initial abstraction for exchange value" [100].

In preparation for a 1977 exhibition at the Stedelijk van Abbemuseum in Eindhoven, Asher had the translucent glass ceiling panels removed from half of the museum's galleries; the exhibition consisted of the replacement of these panels by the museum's work crew. Simultaneously, the other half of the museum contained an exhibition of works from the permanent collection selected by the museum's director. Thus, activity which is usually completed before an exhibition opens to the public was exposed to public view; the processual aspect of Asher's installation could not have contrasted more sharply with the static quality of the more traditional installation that accompanied it. However, the most "radical" aspect of this project was its acknowledgement that the artist is only one of a number of functions necessary for the production of a work of art: "By clearly distinguishing and specifically presenting the different participants (work crew, curator, artist) that make an exhibition

Los Angeles. *The Ironic Sublime*, Galerie Albrecht, München. *Photographic Work from 1974–1987*, Douglas Drake Gallery, New York

Bibliografi (i urval)

Craig Owens: Allan McCollum: Repetition and Difference, *Art in America*, september 1983, s. 130–132. D.A. Robbins: An Interview with Allan McCollum, *Arts Magazine*, oktober 1985, s. 40–44

Gray Watson: Allan McCollum, *Artscribe*, december/januari 1985–86, s. 65–67. Hal Foster: *Recoding: Art, Spectacle, Cultural Politics*, Seattle, 1986. John Miller: What You See is What You Don't Get: Allan McCollum's Surrogates, Perpetual Photos, and Perfect Vehicles, *Artscribe*, januari 1986/februari 1987, s. 32–36

Bibliografi (i urval)

Craig Owens: Allan McCollum: Repetition and Difference, *Art in America*, september 1983, s. 130–132. D.A. Robbins: An Interview with Allan McCollum, *Arts Magazine*, oktober 1985, s. 40–44. Gray Watson: Allan McCollum, *Artscribe*, december/januari 1985–86, s. 65–67. Hal Foster: *Recoding: Art, Spectacle, Cultural Politics*, Seattle, 1986. John Miller: What You See is What You Don't Get: Allan McCollum's Surrogates, Perpetual Photos, and Perfect Vehicles, *Artscribe*, januari 1986/februari 1987, s. 32–36

Gerhard Merz

Född 1947 i München. Bosatt i München

Första separatutställning
Kunstraum München, München 1975
Första grupputställning
documenta 6, Kassel 1977
Separatutställningar 1986–87
1986 *Elfenbeinschwarz*, Galerie nächst St. Stephan, Wien. *Italia MCMLXXXVI*, Galerie Susanna Kulli, St. Gallen. *Dove Sta Memoria*, Kunstverein München, München. *Brennero*, Galerie Tanit, München. *Mare*, Galerie Elisabeth Kaufmann, Zürich. 1987 Kunsthalle Baden-Baden. Barbara Gladstone Gallery, New York. Galerie Laage-Salomon, Paris
Grupputställningar 1986–87
1986 *Der andere Blick*, Wissenschaftszentrum, Bonn; Koblenz; Düsseldorf. *Abstraits*, Le Consortium, Dijon. *Tableaux Abstraits*, Villa Arson, Nice. *Chambres d'Amis*, Museum van Hedendaagse Kunst, Gent. 1987 documenta 8, Kassel. *L'Epoque, la Mode, la Morale, la Passion – Aspects de l'Art d'Aujourd'hui, 1977–1987*, Centre Georges Pompidou, Paris. *Stations*, Centre International d'Art Contemporain, Montreal
Bibliografi (i urval)
Bazon Brock: *Mondo Cane*, Galerie Tanit, München 1983. Laszlo Glozer, V.M. Lampugnani: *Tivoli*, Köln 1986. Richard Flood: *A Journey through Italy*, Barbara Gladstone Gallery, New York 1987. Zdenek Felix, Jochen Poetter, Ludwig Rinn: *Gerhard Merz*, Staatliche Kunsthalle Baden-Baden, Baden-Baden 1987. Ludwig Rinn: Gerhard Merz, *documenta 8*, Band 2, Kassel 1987

Robert Morris

Född 1931 i Kansas City, Missouri.

Bosatt i New York

Första separatutstälning
Dilexi Gallery, San Francisco 1957
Första grupputställning
Green Gallery, New York 1963
Separatutställningar 1986–87
1986 *Felts 1973–76*, Galerie Daniel Templon, Paris. *Robert Morris: Works of the Eighties*, Museum of Contemporary Art, Chicago
Grupputställningar 1986–87
1986 *Directions*, Hirshhorn Museum, Washington. *An American Renaissance: Painting and Sculpture since 1940*, Museum of Art, Fort Lauderdale, Florida. *Memento Mori*, Moore College of Art, Philadelphia. *Definitive Statements: American Art 1964–66*, Bell Gallery, Brown University, Providence. *Summer Group Show*, Leo Castelli, New York. *Estructuras Repititivas*, Fundación Juan March, Madrid. *Surrealismo!*, Barbara Braathen Gallery, New York. *75th American Exhibition*, The Art Institute of Chicago, Chicago. Leo Castelli, Chicago International Art Expo, Chicago. 1987 *The Great Drawing Show 1587–1987*, Michael Kohn Gallery, New York. *Wrinkled*, Burnett Miller Gallery, Los Angeles. *Kosuth, Morris, Oldenburg, Serra, Stella, Therrien*, Leo Castelli Gallery, New York. *Sculpture of the Sixties*, Margo Leavin Gallery, Los Angeles
Bibliografi (i urval)
Robert Morris: Skulpturer, objekt, *Paletten*, nr. 3, 1968, s. 29–31. Robert Morris: Notes on Sculpture, Part I/II, *Minimal Art: A Critical Anthology*, New York 1968, s. 222–235. *Robert Morris*, Stedelijk van Abbemuseum, Eindhoven 1968. *Robert Morris*, The Tate Gallery, London 1971. Carter Ratcliff: Robert Morris: Prisoner of Modernism, *Art in America*, oktober 1979, s. 96–109

Reinhard Mucha

Född 1950 i Düsseldorf. Bosatt i Düsseldorf

Första separatutställning
… sondern stattdessen einen Dreck wie mich, Verwaltungs- und Wirtschaftsakademie, Düsseldorf 1977
Första grupputställning
Wppt, Kunst- und Museumsverein, Wuppertal 1978
Separatutställningar 1986–87
1986 *Twee Werken van Reinhard Mucha*, Galerie Micheline Szwajcer, Antwerpen. *Wasserstandsmeldung*, Galerie Konrad Fischer, Düsseldorf. *Berichterstattung der zweiten Hälfte*, Galerie Max Hetzler, Köln. *Gladbeck*, Centre Georges Pompidou, Paris. 1987 *Nordausgang*, Kunsthalle Basel, Basel. *Kasse beim Fahrer*, Kunsthalle Bern, Bern
Grupputställningar 1986–87
1986 *De Sculptura*, Messepalast, Wien. *6 Biennial of Sydney*, Sydney. 1987 *Raumbilder, Cinco Escultores Alemanes en Madrid*, Centro de Arte Sofia, Madrid. *L'Epoque, la Mode, la Morale, la Passion: Aspects de l'Art d'Aujourd'hui, 1977–1987*, Centre Georges Pompidou, Paris

Nam June Paik

Född 1932 i Seoul, Korea.

Bosatt i New York

Första separatutställning
Galerie 22, Düsseldorf 1959
Första grupputställning
Neo Dada India Music, Kammerspiele, Düsseldorf 1962
Separatutställningar 1986–87
1986 Chase Manhattan Bank, Soho Branch Office, New York. Holly Solomon Gallery, New York. *By, By Kipling*, Satellitsändning Seoul-Tokyo-New York
Grupputställningar 1986–87
1986 Los Angeles County Museum of Art, Los Angeles. Museum Lidwig, Köln. 1987 documenta 8, Kassel. *Skulptur Projekte, Münster*, Münster. *Brennpunkt*, Kunstmuseum Düsseldorf, Düsseldorf. *Los Angeles County Museum of Art*, Los Angeles. *Century 87*, Stedelijk Museum, Amsterdam. *Whitney Biennial*, Whitney Museum of American Art, New York
Bibliografi (i urval)
Nam June Paik: Videa 'n' Videology 1959–1973, Everson Museum of Art, Syracuse 1974. Wulf Herzogenrath: *Nam June Paik: Werke 1946–1976*, Kunstverein Köln, Köln 1977 och 1982. John G. Hanhardt: *Nam June Paik*, Whitney Museum of American Art, New York 1982. *Art and Satellite*, DAAD, Berlin 1984. *By, By Kipling*, Tokyo 1986

Blinky Palermo
(Peter Heisterkamp)

Född 1943 i Leipzig. Död 1977 i Sri Lanka

Första separatutställning
Galerie Friedrich und Dahlem, München 1966
Första grupputställning
Weiss/Weiss, Galerie Schmela, Düsseldorf 1965
Bibliografi (i urval)
Ludwig Rinn: *Palermo Zeichnungen 1963–73*, Kunstraum München 1974. Gerhard Storck: *Palermo Stoffbilder 1966–1972*, Museum Haus Lange, Krefeld 1977. Fred Jahn: *Palermo, Gesamte Grafik und Auflagenobjekte 1966–1975*, München 1983. *Von hier aus, Zwei Monate neue deutscher Kunst in Düsseldorf*, Messegelände, Düsseldorf 1984. Bernhard Bürgi: *Palermo Werke 1963–1977*, Kunstmuseum Winterthur 1984

Giulio Paolini

Född 1940 i Genua. Bosatt i Turin

Första separatutställning
Galleria La Salita, Rom 1964
Första grupputställning
XII Premio Lissone, Milano 1961
Separatutställningar 1986–87
1986 Palais des Beaux-Arts, Charleroi. *Tableau vivant*, Galerie Albert Baronian, Bryssel. *Dal "Trionfo della rappresentazione" (Cerimoniale: in prospettiva)*, Galerie Paul Maenz, Köln. *Abat-jour (giochi proibiti)*, de Vleeshal, Middelbourg. Staatsgalerie Stuttgart, Stuttgart. *Intervallo*, University Art Museum, Berkeley. 1987 Galleria Pieroni, Rom. Galleria Christian Stein, Milano. Marian Goodman Gallery, New York. Musée des Beaux-Arts, Nantes
Grupputställningar 1986–87
1986 *Mater dulcissima*, Syrakusa. *Il Museo Sperimentale di Torino*, Castello di Rivoli, Turin. *Il Fantasma della qualitá*, Pinacoteca Comunale, Ravenna. *1960/1985 Aspekte der Italienischen Kunst*, Frankfurter Kunstverein, Frankfurt. *Acquisitions 1984–1985*, FRAC Bourgogne, Dijon. *La presenza dell'architettura*, Galleria Apollodoro, Rom. *Terrae Motus*, Fondazione Amelio, Neapel; Grand Palais, Paris. *Literatur im Raum*, Fina Bitterlin, Basel. *Falls the Shadow: recent British and European Art*, Hayward Gallery, London. *Arte Santa*, Pinacoteca Comunale, Ravenna. *Collection Souvenir*, Le Nouveau Musée, Villeurbanne. *Sculture da camera*, Castello Svevo, Bari. *Fra Usikkerhet til samlet Kraft…*, Kunstnernes Hus, Oslo. *Wien Fluss*, Wiener Festwochen Secession, Wien. *Sonsbeek 86*, Arnhem. *Chambres d'Amis*, Museum Van Hedendaagse Kunst, Gent. *Ultime*, Castello di Volpaia. *Androgyn*, Neuer Berliner Kunstverein, Berlin. Rhona Hoffman Gallery, Chicago. *XI Quadriennale*, Rom. *Insiemi*, Studio Simonis, Turin. *Lo specchio di Nausicaa*, Palazzo Farnese, Ortona. *Biennale di Venezia*, Venedig. *Eye level*, Stedelijk Van Abbemuseum, Eindhoven. *Beuys zu Ehren*, München. *Sogno italiano*, Castello Colonna, Genazzano. The Fruitmarket Gallery, Edinburgh. *Second Sight: Biennial IV*, San Francisco Museum of Art, San Francisco. *Il Giardino d'Europa*, Palazzo Medici Riccardi, Florens. *Il Cangiante*, Padiglione d'Arte Contemporanea, Milano. *Un Regard*, Magasin, Grenoble; Accademia di Belle Arti, Neapel. *Artisti italiani contemporanei*, Studio Barnabó, Venedig. *Fabro/Kounellis/Paolini*, Lucio Amelio, Neapel. *Palsaggio*, Studio Simonis, Turin. *Kounellis/Paolini*, Margo Leavin Gallery, Los Angeles. *Ritrattare*, Eva Menzio, Turin. *Figure/Colonne/Finestre*, Castello di Rivoli, Turin. 1987 *Paolini/Pistoletto/Zorio*, Galleria Persano, Turin. *Neoclassicismo: Goethe in Italia*,

Centro Anzoni, Rom. *Fabro/Paolini/Penone*, Galerie Roger Pailhas, Marseille. *Corps étrangers*, Galerie Yvon Lambert, Paris. *Avant-Garde in the Eighties*, Los Angeles County Museum of Art, Los Angeles. *Drapeaux*, Musée d'Art et d'Histoire, Genève. *Vis à vis*, Musèe St. Denis, Reims. *Berlinart 1961–1987*, The Museum of Modern Art, New York. Galleria Francoise Lambert, Milano. *Opere Italiane*, Galerie Triebold, Basel. *Lo specchio e il suo doppio*, Mole Antonelliana, Turin. *Incrocio: un racconto*, Palazzo di città, Erice. *XIX Bienal de Sao Paulo*, Sao Paulo. *Italie hors d'Italie*, Musèe des Beaux-Arts, Nimes.

Bibliografi (i urval)

Germano Celant: *Giulio Paolini*, New York-Paris 1972. Giulio Paolini: *Atto unico in tre quadri*, Milano 1979. Giulio Paolino: *Intentions/Figures, Images/Index*, Le Nouveau Musèe, Villeurbanne 1984. Gudrun Inboden/A.W.: *Giulio Paolini*, Staatsgalerie Stuttgart, Stuttgart 1986. Giulio Paolini: *Ancora um libro*, Rom 1987

Francis Picabia

Född 1879 i Paris. Död 1953 i Paris

Första separatutställning
Galerie Haussmann, Paris 1905
Första grupputställning
Société des Artistes Français. Salon de 1899, Paris 1899
Bibliografi (i urval)
Francis Picabia, Musée National d'Art Moderne, Paris 1976. William A. Camfield: *Francis Picabia, His Art, Life and Times*, Princeton, N.J., 1979. *Francis Picabia*, Städtische Kunsthalle Düsseldorf, Kunsthaus Zürich 1983. *Picabia*, Moderna Museet, Stockholm 1984. Maria Lluisa Borras: *Francis Picabia*, New York 1985

Sigmar Polke

Född 1941 i Oels, Schlesien.

Bosatt i Köln

Första separatutställning
Galerie René Block, Berlin 1966

Första grupputställning
Demonstrative Ausstellung in Düsseldorf (med Kuttner, Lueg & Richter), Kaiserstrasse, Düsseldorf 1963
Separatutställningar 1986–87
1986 Mary Boone Gallery, New York
1987 Galerie Klein, Bonn
Grupputställningar 1986–87
1986 XLII Biennale di Venezia, Venedig *Spiritual in Art:Abstract Painting 1890–1985*, Los Angeles County Museum of Art, Los Angeles. *Individuals: Selected History of Contemporary Art 1945–1986*, Museum of Contemporary Art, Los Angeles. *Positionen – Malerei aus der Bundesrepublik Deutschland*, Neue Berliner Galerie im Alten Museum, Östberlin; Staatliche Kunstsammlungen Albertinum, Dresden. 1987 *Warhol, Beuys, Polke*, Milwaukee Art Museum, Milwaukee; Contemporary Art Museum, Houston
Bibliografi (i urval)
Original und Fälschung. Sigmar Polke und Achim Duchow (Franz Liszt kommt gern zu mir zum Fernsehen), Westfälischer Kunstverein, Münster 1973. *Sigmar Polke: Bilder, Tücher, Objekte, Werkauswahl 1962–1971*, Kunsthalle Tübingen, 1976. *Sigmar Polke*, Museum Boymans-van Beuningen, Rotterdam 1983. Sigmar Polke, *Athanor*, XLII Biennale di Venezia, Venedig 1986. *Warhol, Beuys, Polke*, Milwaukee Art Museum, Milwaukee 1987

Robert Rauschenberg

Född 1925 i Port Arthur, Texas.

Bosatt i New York och Captiva Island

Första separatutställning
Betty Parsons Gallery, New York 1951

Första grupputställning
documenta 2, Kassel 1959
Separatutställningar 1986–87
1986 *Works From Four Series: A Sesquicentennial Exhibition*, Contemporary Arts Museum, Houston (vandringsutställning). *Photographs from Performances 1954–1984*, The Memorial Union Art Gallery, University of California, Davis. *Newest Continuation of the ''1/4 Mile'' or ''2 Furlong''*, Edison Community College Gallery, Fort Myers, Florida. Espace Niçois d'Art et de Culture, Nice. *Recent Work*, Helander Gallery, Palm Beach. *The White and the Black Paintings 1949–1952*, Larry Gagosian Gallery, New York. *Photos and Photems*, Visual Arts Museum, New York. *Drawings: 1958–1968*, Acquavella Contemporary Art Inc., New York. *Gluts*, Leo Castelli Gallery, New York. 1987 *Målningar på Koppar och Rostfritt Stål 1985/86*, Heland Thordén Wetterling Galleries, Stockholm. *Works on Paper: 1970–1987*, Blum Helman, New York
Grupputställningar 1986–87
1986 *Acquisitions*, Hilldale Gallery/Margo Leavin Gallery, Los Angeles. *The Real Big Picture*, Queens Museum, New York. *A Second Talent: Painters and Sculptors Who Are Also Photographers*, Baruch College Gallery, New York. *From Private Collectors*, Galerie Beyeler, Basel. *Art Expressions in Paper*, Gallery at the Plaza, Los Angeles. *Summer Group Show*, Blum Helman, New York. *Inaugural Exhibition M.O.C.A. Benefit Auction*, Margo Leavin Gallery och Gemini G.E.L., Los Angeles. *Selections from the Permanent Collection*, Hillwood Art Gallery, School of the Arts, Greenvale, N.Y. *New American Paperworks*, The Art Gallery, University of Maryland, College Park. *Fiftieth Annual Nat'l Midyear Show*, Butler Institute of American Art, Youngstown, Ohio. *Color on Paper*, M. Knoedler & Co., New York. *Six Artists in Three Forms—Part I*, James Goodman Gallery, New York. 1987 *Salute to Leo Castelli*, Thomas Segal Gallery, Boston. *Car As Art: BMW and 5 American Artists*, BMW Gallery, New York. *Text and Image: The Wording of American Art*, Holly Solomon Gallery, New York. *Inaugural Exhibition of the L.A. Gallery*, Blum Helman, Los Angeles. *Pop: Then and Now*, Castle Gallery, College of New Rochelle, N.Y. *Leo Castelli and Castelli Graphics at Gabrielle Bryers...*, Gabrielle Bryers Gallery, New York. *Leo Castelli at Gagosian*, Larry Gagosian, Los Angeles. *Wrinkled*, Burnett Miller Gallery, Los Angeles. *Postwar Paintings from Brandeis University*, The Art Museum at Florida International University, Miami. *Terrae Motus, Naples/Tremblement de terre*, Grand Palais, Paris
Bibliografi (i urval)
Andrew Forge: *Rauschenberg*, New York 1970. Leo Steinberg: *Other Criteria: Confrontations with Twentieth Century Art*, New York 1972. Rosalind Krauss: *Rauschenberg and the Materialized Image*, Artforum, nr 13, december 1974, sid. 36&43. *Robert Rauschenburg*, National Collectiun of Fine Art, Smithsonian Institution, Washington D.C. 1976. *Robert Rauschenberg Werke 1950–1980*, Staatliche Kunsthalle, Berlin 1980

Gerhard Richter

Född 1932 i Dresden. Bosatt i Köln

Första separatutställning
Demonstration für den Kapitalistischen Realismus (tillsammans med Konrad Lueg), Möbelhaus Berges, Düsseldorf 1963
Första grupputställning
Demonstrative Ausstellung (tillsammans med Lueg, Polke och Kuttner), Kaiserstrasse, Düsseldorf 1963
Separatutställningar 1986–87
1986 Städtische Kunsthalle Düsseldorf, Düsseldorf. Nationalgalerie Berlin, Stiftung Preussischer Kulturbesitz, Berlin. Kunsthalle Bern, Bern. Museum moderner Kunst/Museum des 20. Jahrhunderts, Wien. *Paintings 1964–1974*, Barbara Gladstone Gallery, Rudolf Zwirner Gallery, New York. 1987 Museum Overholland, Amsterdam. Marian Goodman Gallery, New York. Sperone Westwater Gallery, New York. Wadsworth Atheneum, Hartford
Grupputställningar 1986–87
1986 *Positionen – Malerei aus der Bundesrepublik Deutschland*, Neue Berliner Galerie im Alten Museum, Östberlin; Staatliche Kunstsammlungen Albertinum, Dresden. *Von zwei Quadraten*, Wilhelm-Hack-Museum, Ludwigshafen. 1987 *Wechselströme*, Bonner Kunstverein, Bonn. *Zauber der Medusa – Europäische Manierismen*, Wiener Festwochen, Künstlerhaus, Wien. *L'Epoque, la Mode, la Morale, la Passion: Aspects de l'Art d'Aujourd'hui, 1977–1987*, Centre Georges Pompidou, Paris. *Brennpunkt Düsseldorf – Joseph Beuys – Die Akademie und der erweiterte Kunstbegriff*, Kunstmuseum Düsseldorf, Düsseldorf. *documenta 8, Kassel*
Bibliografi (i urval)
Gerhard Richter. Abstract Paintings, Stedelijk Van Abbemuseum, Eindhoven 1978. Coosje van Bruggen: *Gerhard Richter. Painting as a Moral Act*, Artforum, maj 1985, s. 82–91. Denys Zacharopoulos och Ulrich Loock: *Gerhard Richter*, München 1985. Jürgen Harten: *Gerhard Richter, Bilder/Paintings 1962–1985* (med en catalogue raisonné av Dietmar Elger), Köln 1986. *Gerhard Richter. Paintings*, Marian Goodman Gallery, Sperone Westwater, New York 1987

James Rosenquist

Född 1933 i Grand Forks, N.D.

Bosatt i New York och Tampa, Florida

Första separatutställning
Green Gallery, New York 1962
Första grupputställning
Dallas Museum of Contemporary Art, Dallas 1961
Separatutställningar 1986–87
1986 Albright-Knox Museum, Buffalo, N.Y. Whitney Museum of American Art, New York. Hirshhorn Museum/Smithsonian Institution, Washington D.C. 1987 Galerie Daniel Templon, Paris. Heland Thordén Wetterling Galleries, Stockholm. Richard Feigen Gallery, Chicago
Grupputställningar 1986–87
1986 *Preview Exhibition, M.O.C.A. Benefit Auction*, Margo Leavin Gallery och Gemini G.E.L., Los Angeles. 1987 *Art Against Aids*, Leo Castelli Gallery, New York
Bibliografi (i urval)
James Rosenquist ''F 111'', Moderna Museet, Stockholm 1965. Marcia Tucker: *James Rosenquist*, Whitney Museum of American Art, New York 1972. Judith Goldman: *James Rosenquist*, Denver Art Museum, Denver 1985. Carter Ratcliff: *Rosenquist's Rouge*, Artforum, sommaren 1985, s. 92–94. Thomas Lawson: *The Future Is Certain*, i Howard Singerman (red.):. *Indivuduals. A Selected History of Contemporary Art 1985–86*, Museum of Contemporary Art, Los Angeles 1986

Cindy Sherman

Född 1954 i Glen Ridge, New Jersey.

Bosatt i New York

Första separatutställning
Contemporary Arts Museum, Houston 1980
Första grupputställning
Artists Space, New York 1976
Grupputställningar 1986–87
1986 *The American Exhibition*, Art Institute of Chicago, Chicago. *Prospect 86*, Frankfurter Kunstverein, Frankfurt. *Art and Its Double: A New York Perspective*, Fundación Caja de Pensiones, Barcelona; Madrid. *Individuals: A*

Selected History of Contemporary Art, 1945–1986, The Museum of Contemporary Art, Los Angeles. 1987 Avant-Garde in the Eighties, Los Angeles County Museum, Los Angeles. L'Epoque, la Mode, la Morale, la Passion: Aspects de l'Art d'Aujourd'hui, 1977–1987, Centre Georges Pompidou, Paris. Photography and Art, 1946–1986, Los Angeles County Museum of Art, Los Angeles

Bibliografi (i urval)

Judith Williamson: Images of "Woman" – The Photographs of Cindy Sherman, Screen, november–december 1983, s. 102–116. Gerald Marzorati: Imitation of Life, Artnews, september 1983, s. 78–87. Marianne Stockebrand: Cindy Sherman, Westfälischer Kunstverein, Münster 1985. Andy Grundberg: The 80's Seen Through a Postmodern Lens, The New York Times, 5 juli 1987, s. 25. Peter Schjeldahl, Lisa Phillips: Cindy Sherman, Whitney Museum of American Art, New York 1987

Laurie Simmons

Född 1949 i Long Island. Bosatt i New York

Första separatutställning
Artists Space, New York 1979

Första grupputställning
Photographie als Kunst, Innsbruck Museum; Linz, Graz 1979

Grupputställningar 1986–87
1986 Metro Pictures, New York. The Real Big Picture, Queens Museum, New York. The Sydney Biennial, Sydney. Interivis, Rice University, Houston. Photographic Fiction, Whitney Museum of American Art, New York, Fairfield County, Stanford. Last Dance: Glamour, Death and Entertainment, The Palladium, New York. Metro Pictures, New York. La Magie de l'Image, Musée d'Art Contemporain de Montreal, Montreal. Origins, Originality + Beyond, The Sydney Biennial, Art Gallery of New South Wales, Sydney. Art & Advertising: Commercial Photography by Artists, ICP, New York. The Fashionable Image: Unconventional Fashion Photography, The Mint Museum of Art, Charlotte, North Carolina. Remembrances of Things Past, Long Beach Museum of Art, Long Beach, Kalifornien. 1987 On Paper, Curt Marcus Gallery, New York. Eric Fischl, Vernon Fischer, Laurie Simmons, Walker Art Center, Minneapolis (vandringsutställning). Sara Charlesworth, Jeff Koons, Laurie Simmons; Editions Ellen Kurtz, New York. Paint/Film, Bess Cutler Gallery, New York. The New Who's Who, Hoffman/Boreman Gallery, Santa Monica. A Visible Order, Lieberman Saulway Gallery, New York. Photography & Art: Interactions since 1946, Los Angeles County Museum of Art, Los Angeles. This is not a Photograph, Ringling Museum, Sarasota, Florida

Bibliografi (i urval)

Roberta Smith: Body Language, Committee for the Visual Arts, Massachusetts Institute of Technology, Cambridge 1982. Andy Grundberg: Seeing the World as Artificial, New York Times, 27 mars 1983. Rosetta Brooks: Guys and Dolls, Zg Magazine, sommar 1984. Carol Squiers, Henry Barendse: A Fashionable Image: Unconventional Fashion Photography, The Mint Museum of Art, Charlotte, North Carolina 1986. Laurie Simmons, Water Ballet/Family Collision, Walker Art Center, Minneapolis

Andy Warhol

Född 1930 i Pittsburgh.
Död 1987 i New York.

Första separatutställning
Ferus Gallery, Los Angeles 1962

Första grupputställning
My Country Tis of Thee, Dwan Gallery, Los Angeles 1962

Separatutställningar 1986–87
1986 Major Prints, Galerie Daniel Templon, Paris. Liberty and Justice, Alternative Museum, New York. Andy Warhol's Cowboys and Indians, Texas Christian University. Disaster Paintings 1963, Dia Art Foundation, New York. 10 Statues of Liberty 1986, Lavignes-Bastille, Paris. Cowboys and Indians, Museum of the American Indian, New York. Anthony d'Offay Gallery, London. Evelyn Aimis Fine Arts, Toronto. Hand-Painted Images 1960–62, Dia Art Foundation, New York. Oxidation Paintings: 1978, Larry Gagosian Gallery, New York. 1987 Photographs, Robert Miller Gallery, New York. Lenin by Warhol, Galerie Bernd Klüser, München. Collaborations: Basquiat and Warhol, Akira Ikeda Gallery, Tokyo. Recent Work, Leo Castelli Gallery, New York

Grupputställningar 1986–87
1986 The Real Big Picture, Queens Museum, New York. Memento Mori, Moore College of Art, Philadelphia. Recent Acquisitions, Donald Young Gallery, Chicago. Estructuras Repetitivas, Fundacion Juan March, Madrid. Global Art Fusion, Museum moderner Kunst, Wien. Drei Jahre Galerie Silvia Menzel, Galerie Silvia Menzel, Berlin. Definitive Statements: American Art 1964–66, Bell Gallery, Brown University, Providence; Parrish Art Museum, Southampton. Preview Exhibition, M.O.C.A. Benefit Auction, Margo Leavin. Gallery and Gemini G.E.L., Los Angeles. Surrealismo!, Barbara Braathen Gallery, New York. Post-Pop: Group Exhibition, Michael Kohn Gallery, Los Angeles. Années 60, Fondation Cartier pour l'Art Contemporain, Jouy-en-Josas. Hollywood Inside and Out, Los Angeles Municipal Art Gallery, Los Angeles. What It Is, Tony Shafrazi Gallery, New York. Tableaux Abstraits, Centre National des Arts Plastiques, Nice. 50th Annual National Midyear Show, Butler Institute of American Art, Youngstown, Ohio. American Myths, Kent Fine Art, New York. Salute to Leo Castelli, Thomas Segal Gallery, Boston. Pop: Then and Now, Castle Gallery, College of New Rochelle, New York. FIAC 86, Galerie Roger Pailhas, Paris. 1987 Car as Art: BMW and 5 American Artists, BMW Gallery, New York. Leo Castelli and Castelli Graphics at Gabrielle Bryers, Gabrielle Bryers Gallery, New York. Leo Castelli at Gagosian, Larry Gagosian Gallery, Los Angeles. The Great Drawing Show 1587–1987, Michael Kohn Gallery, Los Angeles. Photo-Synthesis, Frank Bernaducci Gallery, New York. Sculpture of the Sixties, Margo Leavin Gallery, Los Angeles. Post-Abstract Abstraction, The Aldrich Museum, Ridgefield

Bibliografi (i urval)

Andy Warhol, Moderna Museet, Stockholm 1968. Andy Warhol: The Philosophy of Andy Warhol (From A to B and Back Again), London 1975. Carl Haenlein, Andy Warhol, Rainer Crone m.fl.: Andy Warhol. Bilder 1961–1981, Kestner-Gesellschaft, Hannover 1981. Carter Ratcliff: Andy Warhol, New York 1984. Colaboration Andy Warhol, Parkett, nr 12, 1987, sid. 34–103

James Welling

Född 1951 i Hartford, Connecticut.
Bosatt i New York

Första separatutställning
Metro Pictures, New York 1981

Första grupputställning
Imitation of Life, Hartford Art School, Hartford, Connecticut 1979

Separatutställningar 1986–87
1986 Cash/Newhouse, New York. 1987 Feature, Chicago. Kuhlenschmidt/Simon, Los Angeles. Samia Saouma, Paris

Grupputställningar 1986–87
1986 Picture Perfect, Kuhlenschmidt/Simon, Los Angeles. Margo Leavin Gallery, Los Angeles. Rodney Graham, James Welling, Coburg Gallery, Vancouver. Johnen & Schöttle Gallery, New York. 1987 Annina Nosei Gallery, New York. Christine Burgin Gallery, New York. New Locations, Wolff Gallery, New York. Photography and Art: Interactions since 1946, Los Angeles County Museum of Art, Los Angeles. Cal Arts, Sceptical Belief (s), The Renaissance Society, Chicago. Art against Aids, Baskerville & Watson, New York. Galerie Albrecht, München. Generations of Geometry, Whitney Museum at Equitable Center, New York Kunstverein, Graz

Bibliografi (i urval)

David Salle, James Welling: Images that Understand Us: A Conversation with David Salle and James Welling, Journal, nr. 40, hösten 1984. James Welling: Gelatin Photographs 1984, CEPA, Buffalo 1985. Ellen Ramsey: Rodney Graham, James Welling, Vanguard, februari 1987. Andy Grundberg: Camera Culture in a Postmodern Age, Photography and Art: Interactions since 1946, New York 1987

KATALOG/
CATALOGUE

Måttangivelser i cm. Höjd × längd × bredd/Dimensions in cm. Height × length × width.
Där ej annat angives tillhör verken konstnären/Unless otherwise indicated, the work belongs to the artist.

Gretchen Bender
1. TOTAL RECALL, an electronic theater/En elektronisk teater. 1987.
Föreställning med flerkanalsvideo (8 kanaler, 24 monitorer), film, projektion och ljud. 18 min.
Ljud av Stuart Arbright.
24/10–1/11 1987.

Videoband:
Dokumentationer av
DUMPING CORE. 1986
TOTAL RECALL. 1987

Dara Birnbaum
2. Damnation of Faust: Evocation/Fausts fördömelse: Erinran. 1984.
Installation med tvåkanalsvideo, färg, stereoljud, fotoförstoring och ljus.

Videoband:
Damnation of Faust: Evocation. 1983
Moderna Museet, Stockholm
Damnation of Faust:
Will – O' – The Wisp. 1985
Damnation of Faust:
Charming Landscape. 1987

Marcel Broodthaers
3. Société 1969–72
Relief i vakumpressad plast, nr 5/7.
120 × 83.
Moderna Museet, Stockholm.

4. Sans titre/Utan titel. 1987.
4 skyltar, mekaniskt piano, löskrage, bok, ett par skor, tunnband.
Ca 155 × 210 × 52.
Moderna Museet, Stockholm.

Daniel Buren
5. Cabane éclatée. No. 9/Uppbrutet rum nr 9. 1985.
Tyg spänt på trälister.
Ca 280 × 420 × 420.
Moderna Museet, Stockholm.

Marcel Duchamp
6. Roue de bicyclette/Cykelhjul. 1913.
Trä, järn. 135 × 63. Replik utförd av P. O. Ultvedt och U. Linde 1960.
Moderna Museet, Stockholm.

7. Porte-bouteilles/Flasktorkare. 1914.
Galvaniserat järn. H. 57. Replik utförd av U. Linde 1963, signerad av M. Duchamp 1964.
Moderna Museet, Stockholm.

8. 3 stoppages étalon/3 standardstoppar. 1914–15.
Trä, glas, tråd, olja på duk. Lådans mått 24 × 131,5 × 25.
Moderna Museet, Stockholm.

9. A bruit secret/Med hemligt oljud. 1916.
Mässing, snöre. 11 × 12 × 12.
Replik utförd av U. Linde 1963, signerad av M. Duchamp 1964.
Moderna Museet, Stockholm.

10. Peigne/Kam. 1916.
Järn. 3 × 16. Replik utförd av U. Linde 1963, signerad av M. Duchamp 1964.
Moderna Museet, Stockholm.

11. ...pliant... de voyage/... vikbar... researtikel. 1917.
Vaxduk. 25 × 43 × 33. Replik utförd av U. Linde 1963, signerad av M. Duchamp 1964.
Moderna Museet, Stockholm.

12. Fountain/Fontän. 1917.
Porslin. 33 × 42 × 52. Replik utförd av U. Linde 1963, signerad av M. Duchamp 1964.
Moderna Museet, Stockholm.

13. Air de Paris/Pariserluft. 1919.
Glas. 17,5 × 7. Replik utförd av U. Linde 1974.
Moderna Museet, Stockholm.

14. Fresh Widow/Fräck änka. 1920.
Trä, glas och läder. 77 × 51,5.
Replik utförd av P. O. Ultvedt och U. Linde 1961.
Moderna Museet, Stockholm.

15. Why not sneeze, Rose Sélavy?/Varför inte nysa, Rose Sélavy? 1921.
Järn, marmor, trä. 10,5 × 16,5 × 21.
Replik utförd av U. Linde 1963, signerad av M. Duchamp 1964.
Moderna Museet, Stockholm.

16. La mariée mise à nu par ses célibataires, même/Bruden avklädd av sina ungkarlar, t.o.m. 1915–23.
Olja och bly på glas. 283 × 189. Replik utförd av U. Linde och M. Duchamp 1961.
Moderna Museet, Stockholm.

17. L'opposition et les cases conjuguées sont réconciliées par M. Duchamp & V. Halberstadt/Opposition och systerrutor försonade av M. Duchamp & V. Halberstadt. Bryssel 1932.
Bok. Privat ägo.

18. La boite verte/Gröna asken. 1934.
Innehåller 93 faksimil av anteckningar, fotografier, skisser m.m. Här visas:
"L.H.O.O.Q." 1919
"Obligation pour la Roulette de Monte Carlo/Obligation för rouletten i Monte Carlo". 1924
"Preface/Förord"

19. Rotoreliefs/Optiska skivor. 1935.
Papp. 7 st. om vardera Ø 20.
Moderna Museet, Stockholm/
Privat ägo.

20. Cœur volant/Bankande hjärta. 1936.
Papper. ex. 1/125, 1961. 31 × 50.
Moderna Museet, Stockholm.

21. View. Vol. V. No. 1, New York 1945
Tidskrift.
Privat ägo.

22. Young cherry trees secured against hares/Unga körsbärsträd skyddade för harar. New York 1946.
Bok av André Breton, omslag av Duchamp.
Privat ägo.

23. Prière de toucher/Var god vidrör!. 1947.
Skumgummi på papp. 23,5 × 20,5.
Statens konstmuseer, Stockholm.

24. Objet-dard/Gaddobjekt. 1951.
Brons. 7,5 × 20,1 × 6.
Moderna Museet, Stockholm.

25 Le surréalisme meme/Surrealismen själv. 1955.
Fotografi. 37,5 × 32,5.
Moderna Museet, Stockholm.

26. Eau et gaz à tous les étages/Vatten och gas på alla våningar. 1959.
Emalj. 15 × 20.
Privat ägo.

27. Marcel déchiravit pour Ulf/Marcel rev för Ulf. Stockholm 1963.
Ingår i lyxupplagan av Ulf Lindes bok "Marcel Duchamp".
Privat ägo.

28. METRO/aimer tes héros/METRO/älska dina hjältar. New York 1963.
Tidskrift.
Privat ägo.

29. Bouche-évier/Slaskpropp. 1964.
Brons. Ø 7,5. Tredje versionen, 1967.
Privat ägo.

30. A l'infinitif/I infinitiv. 1967.
Papper, plast. Ask med dokument från åren 1913–23 i faksimil.
Moderna Museet, Stockholm.

Jasper Johns
31. Painted Bronze (ale cans) II/Målad brons (ölburkar) II. 1964.
(Första gjutningen 1960/First cast 1960) 14 × × 20,3 × 12,1

Donald Judd
32. Untitled/Utan titel. 1965.
Plåt. 7 lådor om vardera 23 × 102 × 76,5.
Moderna Museet, Stockholm.

33. Untitled/Utan titel. 1970.
Aluminium. 21 × 643 × 21.
Moderna Museet, Stockholm.

Joseph Kosuth
34. One and Three Photographs/Ett och tre fotografier. 1965.
213,4 × 76,2.
Achim Kubinsky, Stuttgart.

35. 'O. & A./F! D! (To I. K. and G. F.) no. 10' 1987
Fotografi. 435 × 600, 262 × 200.

Barbara Kruger
36. Untitled (You make history when you make business)/Utan titel. 1981.
Fotografi. 182,9 × 121,9 cm.
Fredrik Roos, Zug.

37. Untitled (I can't look at you and breathe at the same time)/Utan titel. 1982.
Fotografi. 120 × 182 cm.
Fredrik Roos, Zug.

38. Untitled (In space no one can hear you scream/Utan titel. 1987.
Fotografi, vinyl, duk. 305 × 366 cm.
Fredrik Roos, Zug.

Louise Lawler
39. AIR DE PARIS, Marcel Duchamp, 1919/Pariserluft, Marcel Duchamp, 1919
"A present to my friends the Arensbergs"/"En gåva till mina vänner Arensbergs"

3rd Version: Ulf Linde, Stockholm, 1963/3:e versionen: Ulf Linde, Stockholm, 1963
4 cibachrome-fotografier, om vardera 66 × 98,4, med samma titel installerade på en målad vägg tillsammans med två verk ur Moderna Museets samlingar:

Andy Warhol: Fox Trot/Foxtrot. 1961.
Olja på duk. 183 × 137

Roy Lichtenstein: Entablature No. 3/Gesims nr 3. 1971.
Magna, olja på duk. 66 × 549

40. Alligator. 1985.
Cibachrome-fotografi, 98,4 × 64,8.

41. Monogram. 1984–87.
Cibachrome-fotografi, 100,3 × 71,1.
Hans Ulrich Osterman, Köln.

42. Untitled/Utan titel. 1987.
Cibachrome-fotografi, 100,9 × 71,8

Sherrie Levine
43. Untitled (Broad Stripe: 4)/Utan titel. 1985.
Kaseinfärg på trä. 61 × 50.
Fredrik Roos, Zug.

44. Untitled (Broad Stripe: 5)/Utan titel. 1985.
Kaseinfärg på trä. 61 × 50.
Raymond Learsy genom Mary Boone Gallery.

116. Untitled (Broad Stripe: 12)/Utan titel. 1985.
Kaseinfärg på trä. 60 × 50.
Lois Plehn, New York.

45. Untitled (Golden Knots: 1)/Utan titel. 1987.
Olja på trä. 158,8 × 128,3.
Margo Leavin Gallery, Los Angeles.

46. Untitled (Golden Knots: 2)/Utan titel. 1987.
Olja på trä. 158,8 × 128,3.
Martin E. Zimmerman, Chicago/Donald Young Gallery.

47. Untitled (Golden Knots: 3)/Utan titel. 1987.
Olja på trä. 158,8 × 128,3.
Thomas Ammann, Zürich.

48. Untitled (Lead Checks: 1)/Utan titel. 1987.
Kaseinfärg, bly. 50 × 50.
Carol Meringoff, New York.

49. Untitled (Lead Checks: 2)/Utan titel. 1987.
Kaseinfärg, bly. 50 × 50.
Fredrik Roos, Zug.

117. Untitled (Lead Checks: 3)/Utan titel. 1987
Kaseinfärg, bly. 50 × 50.
Emily and Jerry Spiegel, New York

50. After Edgar Degas/Efter Edgar Degas. 1987.
Portfölj med fem fotografiska litografier om vardera 66 × 53,3. Upplaga om 35. 10 e.a. Tryckt av Maurice Sanchez, Derriere L'étoile Studios, New York.
Ilene Kurtz, New York.

Robert Longo
51. Men Trapped in Ice. 1978
Kol och grafit på papper.
Triptyk × 152,4 × 101,6.
Saatchi Collection, London

220

52. Body of a Comic. 1984
Stål, durotran. 305 × 289,5 × 122.
Konstnären genom Metro Pictures, N.Y.

53. Meat Shot and the Homeless
Count. 1986
Emalj på stål, plexiglas, stål, emalj på
duk. 255 × 368 × 7.
Konstnären genom Metro Pictures, N.Y.

Film:
Arena Brains. 1987

Videoband:
Golden Palominos. 1986
New Order. 1986
Megadeth. 1986
R.E.M. 1987

Allan McCollum
54. Plaster Surrogates. 1982–83
Emalj på hydrosten. Varierande mått.
Lisson Gallery, London (7 set), Mr.
and Mrs. Arthur Goldberg, New York
(1 set), Mr. and Mrs. Samuel Hey-
man, Greens Farms, Ct. (1 set), Fred-
rik Roos, Zug (1 set).

55. Perfect Vehicles. 1986
Akryl på genomgjuten gips.
3 set om 5 delar.
Varje del 50 × 22.
Lisson Gallery, London.

**Allan McCollum och
Laurie Simmons**
56. Actual Photos. 1985
Cibachrome-fotografier. 25 delar om
vardera 25,5 × 20,5.
Lisson Gallery, London.

Gerhard Merz
57. Sonnenfinsternis/Solförmörkelse.
1987.
Silkscreen, pigment på duk.
150 × 300, 220 × 220

Robert Morris
58. Barrier. 1962/1984.
Målat stål. 182,9 × 213,4 × 30,5.
Galerie Nordenhake, Stockholm.

Reinhard Mucha
59. Bottrop. 1984
Trä, filt, lack. ca 120 × 230 × 50.
Sammlung Uli Knecht, Stuttgart.

60. Werstener Kreuz. 1986
Metall, filt, trä, glasskiva.
131 × 270 × 32.
Privat ägo.

61. Walsum. 1986
Trä, filt, glasskiva. 130 × 200 × 54.
Galerie Szwajcer, Antwerpen.

62. Oberbilker Markt. 1986
Trä, duk, konsthartslack.
120 × 220 × 49.
Privat ägo.

63. Seite 35. 1985
Glas, klämmor, boksida. 35,5 × 37.

Nam June Paik
64. T.V. Chair/TV-stol. 1968.
Rund mini-TV, stol. 63,5 × 79 × 79.
Moderna Museet, Stockholm.

Film:
Alan'n Alan's Complaint. 1982

Blinky Palermo
65. Blaues Dreieck/Blå trekant. 1969.
Tempera på kartong (inklusive schab-
lon, pensel, tub med blå färg i papp-
ask). 48,5 × 53,5.
Collection Froehlich, Stuttgart.

Giulio Paolini
66. Intervallo/Intervall. 1985.
Gips, trä. Installation 550 × 800 × 500.
Christian Stein, Turin.

Francis Picabia
67. Prenez garde à la peinture/
Se upp för målningen. 1916.
Olja på duk. 91 × 73.
Moderna Museet, Stockholm.

68. Première rencontre/
Första mötet. 1925.
Ripolin på masonit. 93 × 73.
Moderna Museet, Stockholm.

69. L'acrobate/Akrobaten. ca 1925.
Collage. 105 × 75.
Moderna Museet, Stockholm.

70. Le vent (Déraison de la nature)/
Vinden (Naturens oförnuft). 1949.
Olja på duk. 92 × 73.
Moderna Museet, Stockholm.

Sigmar Polke
71. Amerikanisch–mexikanische
Grenze/Amerikansk–mexikanska
gränsen. 1984.
Plaka, dispersion, gul lysfärg på duk.
224 × 300.
Mary Boone/Michael Werner Gallery,
New York.

72. Neid und Habgier II (Zwei Hunde
und ein Knochen kommen nicht leicht
zu einer Einigung/Avundsjuka och
habegär II (Två hundar och ett kött-
ben kommer inte lätt överens. 1985.
Dispersion på mönstrat tyg. 263 × 405.
Galerie Schmela, Düsseldorf.

Robert Rauschenberg
73. Monogram. 1955–59.
Blandteknik. 122 × 183 × 183.
Moderna Museet, Stockholm.

74. Tideline/Tidvattenslinje. 1963.
Olja och silkscreen på duk. 213 × 152.
Louisiana Museum of Modern Art,
Humlebaek.

75. Tree Frog/Trädgroda. 1964.
Olja och silkscreen på duk. 244 × 183.
Museum Ludwig, Köln.

Gerhard Richter
76. Untitled (613–3)/Utan titel. 1986.
Olja på duk. 260 × 200.
Fredrik Roos, Zug.

77. Still (612–4). 1986.
Olja på duk. 225 × 200.
Mr. Raymond Learsy, New York.

78. Untitled (594–1)/Utan titel. 1986.
Olja på duk. 225 × 200.
Mr. and Mrs. Melvyn J. Estrin,
Washington D.C.

James Rosenquist
118. I Love You with My Ford/
Jag älskar dig med min Ford. 1961
Olja på duk. 210 × 237,5.
Moderna Museet, Stockholm.

Cindy Sherman
79. Untitled Film Still (14). 1978.
Sv/v fotografi. 25,4 × 20,3.
Konstnären genom Metro Pictures, N.Y.

80. Untitled Film Still (15). 1978.
Sv/v fotografi. 25,4 × 20,3.
Konstnären genom Metro Pictures, N.Y.

81. Untitled Film Still (16). 1978.
Sv/v fotografi. 25,4 × 20,3.
Konstnären genom Metro Pictures, N.Y.

82. Untitled Film Still (21). 1978.
Sv/v fotografi. 20,3 × 25,4.
Konstnären genom Metro Pictures,
N.Y.

83. Untitled Film Still (32). 1979.
Sv/v fotografi. 20,3 × 25,4.
Konstnären genom Metro Pictures, N.Y.

84. Untitled Film Still (35). 1979.
Sv/v fotografi. 25,4 × 20,3.
Konstnären genom Metro Pictures, N.Y.

85. Untitled Film Still (37). 1979.
Sv/v fotografi. 25,4 × 20,3.
Konstnären genom Metro Pictures, N.Y.

86. Untitled Film Still (43). 1979.
Sv/v fotografi. 20,3 × 25,4.
Konstnären genom Metro Pictures, N.Y.

87. Untitled Film Still (53). 1980.
Sv/v fotografi. 20,3 × 25,4.
Konstnären genom Metro Pictures, N.Y.

88. Untitled Film Still (54). 1980.
Sv/v fotografi. 20,3 × 25,4.
Konstnären genom Metro Pictures, N.Y.

89. Untitled Film Still (65). 1980.
Sv/v fotografi. 20,3 × 25,4.
Konstnären genom Metro Pictures, N.Y.

90. Untitled Film Still (27). 1980.
Sv/v fotografi. 20,3 × 25,4.
Konstnären genom Metro Pictures, N.Y.

91. Untitled/Utan titel (173). 1987.
Färgfotografi. 155,2 × 231,4.
Konstnären genom Metro Pictures, N.Y.

92. Untitled/Utan titel (177). 1987.
Färgfotografi 155,2 × 231,4.
Konstnären genom Metro Pictures, N.Y.

Laurie Simmons
93. Tourism: Green Stonehenge/
Turism: Stonehenge i grönt. 1984.
Färgfotografi. 101 × 152.
Metro Pictures, New York.

94. Tourism: Parthenon. 1984.
Färgfotografi. 101 × 152.
Metro Pictures, New York.

95. Tourism: Las Vegas. 1984.
Färgfotografi. 101 × 152.
Metro Pictures, New York.

96. Tourism: Great Wall/Turism:
Kinesiska muren. 1984.
Färgfotografi. 101 × 152.
Metro Pictures, New York.

97. Tourism: Brazil/Turism: Brasilien.
1984.
Färgfotografi. 101 × 152.
Metro Pictures, New York.

Se också Allan McCollum.

Andy Warhol
98. Marilyn Monroe in Black and White/
Marilyn Monroe i svart/vitt. 1962.
Akryl och silkscreen på duk. 208 × 140.
Moderna Museet, Stockholm.

99. Orange Disaster/Orange
katastrof. 1963.
Akryl, silkscreen och emalj på duk.
269,2 × 207.
Solomon R. Guggenheim Museum,
N.Y., Gift, Harry N. Abrams Family Col-
lection, 1974.

Film:
Chelsea Girls. 1966
16 mm, färg och sv/v. c. 3½ tim.

James Welling
100. Untitled/Utan titel (B 2). 1980.
Gelatinsilverfotografi. 9 × 11,5.
Johnen & Schöttle, Köln
och konstnären.

101. Untitled/Utan titel (B 3). 1980.
Gelatinsilverfotografi. 11,5 × 9.
Johnen & Schöttle, Köln
och konstnären.

102. Untitled/Utan titel (B 14). 1980.
Gelatinsilverfotografi. 11,5 × 9.
Johnen & Schöttle, Köln
och konstnären.

103. Untitled/Utan titel (B 16). 1980.
Gelatinsilverfotografi. 11,5 × 9.
Johnen & Schöttle, Köln
och konstnären.

104. Untitled/Utan titel (B 24). 1980.
Gelatinsilverfotografi. 11,5 × 9.
Johnen & Schöttle, Köln
och konstnären.

105. Untitled/Utan titel (B 35). 1980.
Gelatinsilverfotografi. 11,5 × 9.
Johnen & Schöttle, Köln
och konstnären.

106. Untitled/Utan titel (B 37). 1980.
Gelatinsilverfotografi. 9 × 9.
Johnen & Schöttle, Köln
och konstnären.

107. Untitled/Utan titel (B 39). 1980.
Gelatinsilverfotografi. 11,5 × 9.
Johnen & Schöttle, Köln
och konstnären.

108. Untitled/Utan titel (B 40). 1980.
Gelatinsilverfotografi. 10 × 8.
Johnen & Schöttle, Köln
och konstnären.

109. Untitled/Utan titel (B 41). 1980.
Gelatinsilverfotografi. 14 × 10,5.
Johnen & Schöttle, Köln
och konstnären.

110. Untitled/Utan titel (B 42). 1980.
Gelatinsilverfotografi. 14 × 10,5.
Johnen & Schöttle, Köln
och konstnären.

111. Untitled/Utan titel (B 67). 1980.
Gelatinsilverfotografi. 7,5 × 10.
Johnen & Schöttle, Köln
och konstnären.

112. Untitled/Utan titel (B 79). 1980.
Gelatinsilverfotografi. 11,5 × 9.
Johnen & Schöttle, Köln
och konstnären.

113. Untitled/Utan titel (B 80). 1980.
Gelatinsilverfotografi. 9 × 11,5.
Johnen & Schöttle, Köln
och konstnären.

114. Untitled/Utan titel (B 81). 1980.
Gelatinsilverfotografi. 11,5 × 9.
Johnen & Schöttle, Köln
och konstnären.

115. Untitled/Utan titel (B 89). 1980.
Gelatinsilverfotografi. 11,5 × 9.
Johnen & Schöttle, Köln
och konstnären.

Fotografer/Photo credits